Altostratus (As)

Nimbostratus (Ns)

Dieter Walch
Ernst Neukamp

WOLKEN
WETTER

Wetterentwicklungen erkennen und
vorhersagen. Mit Anleitungen für die
<u>eigene regionale Wetterprognose</u>

GU Gräfe
und
Unzer

Morgengrau mit Nebel.

Aufheiterung nach Regennacht.

Inhalt

Abendstimmung mit Föhn.

Abendrot bei Hochdruckwetter.

Vorhergehende Doppelseiten:
Seite 2/3:
Regenbogen nach
sommerlichen Schauern.
Seite 4/5:
Ein Wolkengigant.
Cumulonimbus mit Amboß.

Wie wird das Wetter?

Wetter ist immer da. Es begleitet uns vom ersten bis zum letzten Atemzug. Mögen wir es als »schönes« Wetter loben oder als »Sauwetter« beschimpfen, leben müssen wir mit jedem Wetter. Trotzdem möchte jeder von uns – ob sonnenhungriger Urlauber, Skifahrer oder Landwirt – gerne wissen, wie das Wetter wird. Wir bekommen zwar täglich den Wetterbericht per Fernsehen, Rundfunk oder Zeitung frei Haus geliefert, ärgern uns aber, wenn sich die Meteorologen, wie wir meinen, wieder einmal geirrt haben. Doch sie können nur die Großwetterlage vorhersagen. Um die Wettervorhersage für den Regionalbereich muß sich jeder selber kümmern.

Die Fähigkeit unserer bäuerlichen Vorfahren, Wetterzeichen in der Natur ringsum und am Himmel richtig zu deuten, haben wir weitgehend verloren. Jeder von uns kann sie aber wiedergewinnen. Der ZDF-Wetterexperte Dieter Walch erklärt Ihnen in diesem GU Ratgeber, wie Sie Ihre eigene lokale Wettervorhersage präzise erstellen können. Gewöhnen Sie sich wieder an den Blick zum Himmel. Denn dort vollzieht sich das sichtbare Wetter. Lernen Sie mit Hilfe der faszinierenden Farbfotos Wolken erkennen und benennen und vorhersagen, welcher Niederschlag fallen wird. Als nächstes sollte Ihr Interesse dem unsichtbaren, aber meßbaren Wetter gelten. Luftdruck, Luftfeuchtigkeit und Temperatur sind die drei unabdingbaren Werte, mit denen Wettergeschehen einhergeht. Die Anleitung, wie Sie ihre eigene

Ein klarer Vollmond –
da wird es auch
tags darauf schön.

kleine Wetterstation einrichten können, ist leicht zu befolgen.

Der Autor gibt Ihnen auch einen ausführlichen Einblick in die globale »Wetterküche«. Er erklärt den Einfluß der Sonne, die besonderen astronomischen und geometrischen Gegebenheiten der Erde und die Bedingungen, die zur Entstehung von Tief und Hoch führen. Sehr wichtig für die eigene regionale Wetterprognose ist, daß die Landschaft sich ihr Wetter selbst macht. Markante Beispiele dafür sind der Land-Seewind, der Föhn und der Smog.

Als Service für Urlauber ist das umfangreiche Kapitel »Die Klimazonen« gedacht. Hier erfahren Sie, auf was für klimatische Besonderheiten Sie sich in den einzelnen Breiten einzustellen haben. Eng verknüpft mit dem verständlich geschriebenen Text und den leicht nachvollziehbaren Experten-Ratschlägen sind die rund 170 Farbfotos – darunter ausdrucksstarke Bildserien –, die alle typischen Wolkenarten zeigen und Wetterabläufe eindrucksvoll veranschaulichen. Mitautor Ernst Neukamp, der die Wetterzeichen so sicher deuten kann wie einst unsere bäuerlichen Vorfahren, ist Preisträger für Wolkenfotografie und Wolken/Wetter-Filmer. Seine Wolken- und Wetterbilder – in mehreren Jahren speziell für dieses Buch geschaffen – und die fachliche Kompetenz des ZDF-Diplommeteorologen Dieter Walch machen diesen GU Ratgeber zu einem Standardwerk für alle, die wissen wollen, wie das Wetter von morgen wird.

Hinweis: Die vordere Klapptafel des Buches zeigt die Wolkenarten auf einen Blick, die hintere Klapptafel wichtige Schön- und Schlechtwetterzeichen.

Der TV-Wetterbericht

Der Wetterbericht vom 11. Mai 1988

ZDF-Diplommeteorologe Dieter Walch mit der Vorhersage:
»Zu Beginn die gute Nachricht: Die meisten von Ihnen erwartet morgen ideales Ausflugswetter – viel Sonne und nicht zu heiß! Denn das Wetter im größten Teil Mitteleuropas wird von diesem Hoch über Nordskandinavien bestimmt. Es transportiert kalte aber trockene Luft aus Nordosten heran. Dieser riesige Tiefkomplex von Island über die Biskaya bis zum westlichen Mittelmeer versucht, mit warmer aber feuchter Luft gegen dieses Hoch anzukommen. Die Grenze verläuft von Benelux über den Südwesten Deutschlands und die Alpen zum Balkan.
Achten Sie diesmal nur auf diese dunklen Regenwolken über Rußland und Polen. Auf ihrer Wanderung nach Süden laufen sie wie eine Wasserwelle auseinander und werden dabei immer dünner. Ganz anders dagegen diese Wolken über dem westlichen Mittelmeer. Explosionsartig breiten sie sich auf ihrem Weg nach Norden aus und branden nun gegen die Südalpen. So wird es morgen von Südfrankreich über Oberitalien bis zur Adria heftig regnen. Bei uns machen sich diese Wolken heute nacht nur in Südbaden und direkt in den Alpen bemerkbar. Sonst ist es meist klar, von ein paar kleinen Wolkenfeldern im Nordosten abgesehen. Im westlichen Niedersachsen wird es mit 3 °C am kältesten. Morgen scheint im größten Teil Deutschlands die Sonne. Im Norden ziehen kleine weiße Wolken vor einem tiefblauen Himmel vorbei. Nach Süden und Südwesten hin wird der Himmel zunehmend milchiger. Wo in den Alpen und im Südwesten Regenschauer und Gewitter auftreten werden – ich weiß es nicht. Doch Sie können Ihre eigene Vorhersage machen. Wenn in diesem milchig-weißen Himmel dunkle Flecken auftauchen, die rasch größer werden, dann können Sie davon ausgehen, daß es etwa eine Stunde später von oben her naß wird.
Ja, und die Temperaturen liegen so zwischen 16 °C an der Ostsee und 25 °C im Rheinland.«

Wie der Wetterbericht zustande kommt

105 Sekunden dauert der Wetterbericht in der abendlichen Nachrichtensendung des ZDF. Meist sind es zwischen fünf und zehn Millionen Zuschauer, die ihm mit mehr oder weniger großem Interesse folgen. Irrtümer darf es dabei nicht geben. Sie ziehen höhnische oder spöttische Bemerkungen nach sich. Daß die Vorhersagen häufig zutreffen und der Zuschauer den »Wurm« hineingebracht hat, sei nur am Rande vermerkt. Schließlich ist es für ihn nicht ganz einfach, aus der Fülle der Informationen die richtigen Schlüsse zu ziehen. Auch der Fernseh-Wetterfrosch kämpft jeden Tag mit der Schwierigkeit, die Berge von Material, die einem Wetterbericht zugrunde liegen, in eben diese 105 Sekunden zu packen. Ich will Ihnen deshalb kurz schildern, wie der Wetterbericht vom 11. Mai entstand.

Dieses »H« steht für Hochdruckgebiet. Wie Sie sehen,
ist der Himmel über Nord-
skandinavien nicht nur
wolkenlos. In der Umgebung
tummeln sich bereits viele
Wolken.

Dem Hoch gegenüber
stehen diese drei Tiefdruckgebiete. Sie transportieren
warme, aber feuchte Luft
nach Norden. Drei gegen
einen, wer muß da weichen?

Es ist das Tief über dem
Mittelmeer, das in Bewe-
gung gerät. Nun strahlt dort
nicht mehr die Sonne vom
Himmel, sondern es regnet
in Strömen.

… im Süden Regenschauer und Gewitter. Ob es genau in München regnet, kann ich nicht voraussagen.

Der Arbeitstag eines TV-Wetterfrosches
9.15 Uhr

Eben bin ich in meinem Büro im ZDF-Sende-zentrum auf dem Lerchenberg bei Mainz einge-troffen. Unser Computer, kurz WEBSY (WEtter-Bericht-SYstem) genannt, hat die ganze Nacht fleißig gearbeitet. Alle 30 Minuten hat er die Signale des Wettersatelliten METEOSAT empfan-gen, verarbeitet und zu Bildern zusammengesetzt. Er hat laufend Informationen über das aktuelle Wetter sortiert und geordnet, die der Deutsche Wetterdienst (DWD) in Offenbach von Wetter-beobachtungsstationen sammelt und über eine Fernschreibleitung schickt.

Aus dieser Unmenge von Daten versuche ich, mir in den nächsten drei Stunden ein Bild über das Wetter der letzten Nacht nicht nur in Deutschland, sondern in ganz Europa zu verschaffen. Die Satellitenbilder zum Beispiel geben mir Hinweise auf Art und Menge der Wolken über Europa und dem Atlantik. Zwei Wolkensysteme erregen mein besonderes Interesse.

Einmal sind von Nordafrika dichte Wolken sehr rasch ins westliche Mittelmeer gezogen. Sie deuten darauf hin, daß über dem Mittelmeer ein neues Tief entsteht, was von Wetterbeobach-tungsdaten aus diesem Gebiet bestätigt wird. Die Stationen auf Sardinien und Korsika melden Druckfall mit steigender Tendenz im Laufe der Nacht. Das bedeutet Nachschub für die Regen-wolken über Oberitalien, die möglicherweise dann den Sprung über die Alpen nach Süddeutsch-land schaffen.

Zum anderen zieht ein Wolkenband aus Nord-osteuropa südwärts Richtung Rußland, Polen und die DDR. Die Station in Warschau hat sowohl um drei als auch um sechs Uhr sogar etwas Regen gemeldet. Das überrascht mich, denn es weist darauf hin, daß das Hoch über Nordskandinavien vielleicht doch nicht so stabil ist, wie es bisher den Anschein hatte. Doch nach Vergleich aller Daten, die mir aus diesem Teil Europas vorliegen, steht für mich fest, daß sich diese Wolken auf dem Weg zu uns immer mehr auflösen werden.

Inzwischen wurde in der Großrechenanlage des DWD das Verhalten der Atmosphäre in der Zukunft simuliert. Aus ihren Berechnungen geht hervor, daß die Mittelmeerwolken endlich doch über die Alpen bis zum Main vorankommen werden. Dies deckt sich mit meinen Überlegungen. Hingegen verblüffen mich die Ergebnisse bezüglich der Wolken über Polen und der DDR. Die sollen am nächsten Tag noch wesentlich zunehmen. Wenn nun der Computer recht hat, werde ich für Norddeutschland eine glatte Fehlvorhersage liefern und mir dafür eine Flut von bösen Briefen einhandeln. Die Entscheidung liegt jetzt bei mir.

15 Uhr
Da ich inzwischen weiß, wie sich das Wetter bis morgen abend entwickeln wird, kann ich mich mit dem Text befassen. Dabei dürfen die »magischen« 105 Sekunden nicht überschritten werden. Danach stelle ich den visuellen Teil des Wetterberichtes zusammen. Mit Hilfe von WEBSY plaziere ich auf den Vorhersagekarten für die Nacht und den kommenden Tag die verschiedenen Wettersymbole wie Sonne, Wolken, Schnee, Gewitter, Nebel und Wind und füge die Temperaturwerte ein. Desgleichen kann ich auch im Satellitenfilm die Hoch- und Tiefdruckzentren mit entsprechenden Buchstaben kennzeichnen.

17 Uhr
In der Kaffeepause versuche ich, mir den Text einzuprägen. Danach schaue ich beim Redakteur im Studio vorbei, um mit ihm die Überleitung von den Nachrichten zum Wetter abzusprechen. Zurück in meinem Büro sehe ich die neuesten Wettermeldungen durch. Ich habe Glück! Heute scheint es keine Überraschungen zu geben. Solche von der Sorte, daß sich das Wetter ganz anders als bisher vorgesehen entwickeln könnte. Dann muß in letzter Minute alles über den Haufen geworfen und neu gemacht werden.

19 Uhr
Beginn der Nachrichten. Inzwischen gehe ich noch schnell in die Maske. Puder ins Gesicht, damit die Haut nicht glänzt wie eine Speckschwarte. Ab ins Studio, warten. Das Rotlicht an der Kamera vor mir leuchtet auf. Ich beginne zu sprechen. 105 Sekunden lang höchste Konzentration. Kein Spickzettel, der hilft, wenn man nicht weiter weiß.
»... und 25 °C im Rheinland.«
Übrigens traf das Wetter am nächsten Tag fast so ein wie erwartet. Das Tief über dem Mittelmeer teilte sich allerdings im Laufe der Nacht beim Aufprall auf die Alpen. Dabei wirkten diese wie ein Keil, ließen einen Teil des Tiefs nach Südfrankreich ziehen und lenkten den Rest Richtung Jugoslawien. Die Wolken verloren auf ihrem Weg nach Norden an Schwung, und der milchig-weiße Himmel blieb auf das Alpengebiet und Südbaden beschränkt. Nur wer in den Alpen herumkletterte, konnte naß werden.

Experten-Rat: Für die eigene regionale Wetterprognose ist die Kenntnis der Großwetterlage wichtig.

Die Arbeitsunterlagen

Vielleicht ist Ihnen aufgefallen, daß mein Blick nicht so sehr auf das Wetter in Deutschland gerichtet war, sondern weit über die Grenze ging. Tatsächlich wird unser Wetter nicht vor Ort bestimmt, sondern irgendwo in Europa oder draußen über dem Atlantik.
Deshalb gab es schon sehr früh internationale Vereinbarungen über den Austausch von Wetterdaten. Diese werden heute überall auf der Erde nach einheitlichen Bestimmungen gewonnen und nach einem weltweit gültigen Schema verschlüsselt, so daß jeder Meteorologe, sei er nun Deutscher, Amerikaner, Russe oder Chinese, diese Daten lesen kann (→ Wetterbeobachtungsdaten, Seite 17).
Weitere Informationen liefern die Großrechenanlagen, über die die Wetterdienste der größeren Staaten verfügen. Sie berechnen aus den Daten über das aktuelle Wetter das zukünftige Verhalten der Atmosphäre (→ Computerergebnisse, Seite 17).
Zu diesem weltumspannenden System gehören auch fünf Wettersatelliten, die rund um den Globus in 36 000 km Höhe über dem Äquator stationiert wurden. In dieser Höhe beträgt die Zeit für einen Umlauf genau einen Tag. Da sie sich in die gleiche Richtung wie die Erde drehen, scheinen sie über einem Punkt am Äquator festzustehen. Einer davon ist METEOSAT, der Bilder von Europa und Afrika liefert (→ Satellitenbilder, Seite 14 und 15). Die Nord- und Südpolargebiete können diese Satelliten allerdings nicht beobachten, da sie wegen der Krümmung der Erdkugel (→ Der besondere Planet Erde, Seite 52) hinter dem Horizont liegen. Deshalb gibt es zusätzlich zwei Satelliten, die Nord- und Südpol überfliegen. Das tun sie in etwa 850 km Höhe und benötigen für einen Umlauf knapp zwei Stunden.

Die METEOSAT-Bilder im Fernseh-Wetterbericht führen uns die Wolkenbewegung der letzten 24 Stunden vor Augen. Trotz des Dunkels der Nacht – es ist 3.55 Uhr GMT (Greenwich Mean Time) – kann der Satellit die Wolken »sehen«, das heißt, er mißt die Temperatur an der Wolkenobergrenze und macht sie in den sogenannten IR-Bildern (→ Seite 17) sichtbar. Das helle wellenförmige Wolkenband in Polnähe deutet auf die Entwicklung eines Tiefs hin, während die großen weißen Flecken am Äquator die täglichen tropischen Gewitter ankündigen.

METEOSAT 1986 MONTH 3 DAY 24 TIME 0355 GMT (NORTH) CH. IR 1
NOMINAL SCAN/RECTIFIED   SLOT 8 COPYRIGHT - ESA -

16 Stunden später – um 19.55 Uhr GMT – ist die Situation am Äquator die gleiche geblieben. Obwohl es in Afrika längst Nacht geworden ist, sind die Gewittertürme immer noch vorhanden.
Hingegen ist in Polnähe ein deutlicher Wolkenwirbel zu erkennen. Er ist das typische Zeichen eines Tiefdruckgebietes, das den Höhepunkt seiner Entwicklung erreicht hat.

METEOSAT 1986 MONTH 3 DAY 24 TIME 1955 GMT (NORTH) CH. IR 1
NOMINAL SCAN/RECTIFIED   SLOT 40 COPYRIGHT - ESA -

Könnten wir mit METEOSAT
mitfliegen, würden wir von
der Erde nur soviel zu Gesicht bekommen. Mit unse-
ren Augen sehen wir um
3.55 Uhr GMT bloß ein
wenig von ihr im Osten, da
dort die Sonne gerade
aufgegangen ist und sie
bescheint. Der Rest der Erde
bleibt ins Dunkel der Nacht
getaucht.

METEOSAT 1986 MONTH 3 DAY 24 TIME 0355 GMT (NORTH) CH. VIS 2
NOMINAL SCAN/RECTIFIED   SLOT 8   COPYRIGHT - ESA -

16 Stunden später, um
19.55 Uhr GMT, ist es fast
überall schon wieder Nacht
geworden. Nur im Westen
scheint die Abendsonne
noch über Südamerika, der
Karibik und dem West-
atlantik.

METEOSAT 1986 MONTH 3 DAY 24 TIME 1955 GMT (NORTH) CH. VIS 2
NOMINAL SCAN/RECTIFIED   SLOT 40   COPYRIGHT - ESA -

Satellitenbilder

Mit dem Einsatz von Satelliten begann für die Meteorologie ein neues Zeitalter. Vorher waren die rund 70% der Erdoberfläche, die aus Wasser bestehen, mehr oder weniger meteorologisches Niemandsland, da sich auf den riesigen Ozeanflächen das Wetter schwerlich messen läßt. Es gibt zwar einige speziell dafür ausgerüstete Schiffe, die sich aber in den Weiten der Ozeane verlieren. Erst durch den Einsatz von Wettersatelliten ist die wirklich weltweite Beobachtung des Wetters möglich. Alle 30 Minuten liefert zum Beispiel METEOSAT Bilder von den Bewölkungsverhältnissen über Europa, Afrika und dem Atlantik, also 48 Bilder im Laufe eines Tages. Betrachtet man die Bilder hintereinander, kann man die Bewegung und Entwicklung von Wolken verfolgen. Laufen diese Bilder schnell ab, entsteht der Eindruck eines Films. Das geschieht im Fernseh-Wetterbericht. Nun ist ja während eines 24stündigen Zeitraums mehr oder weniger lang Nacht. Trotzdem können Sie im Satellitenfilm die Wolken »sehen«. Hier bedient man sich der Tatsache, daß jeder Körper entsprechend seiner Temperatur eine bestimmte Strahlung aussendet. Diese Wärmestrahlung ist im infraroten Spektrum (IR) angesiedelt. Die sogenannten IR-Bilder machen also mehr oder weniger kalte Gebiete an der Wolkenobergrenze »sichtbar«.

Daß im Satellitenfilm nun die niedrigen Wolken weiß, die hochreichenden dunkel dargestellt werden, ist eine willkürliche Zuordnung und bei den Wetterdiensten genau umgekehrt. Mit dem ersten Wettersatelliten (Start am 1.4.1960) konnten Aufnahmen von den Wolken nämlich nur bei Tageslicht gemacht werden. In diesen visuellen (VIS) Bildern erschienen hochreichende Wolken hell, da sie das Sonnenlicht – ähnlich wie Schnee – stark reflektierten; das behielt man dann auch später bei.

Wetterbeobachtungsdaten

Dem Vorteil der weltweiten Wolkenbeobachtung durch Satelliten stehen auch Nachteile gegenüber. Der Satellit schaut aus 36000 km Entfernung auf die Wolken. Was darunter passiert, kann er weder sehen noch messen.

Deshalb gibt es ein weltumspannendes Netz von etwa 10000 Beobachtungsstationen. Dort wird rund um die Uhr das aktuelle Wetter gemessen und beobachtet, und zwar jeweils zur gleichen Zeit, um die Daten auch miteinander vergleichen zu können. Als Beobachtungszeit hat man die volle Stunde am nullten Längengrad festgelegt, der durch Greenwich – einen Vorort von London – verläuft. Deshalb nennt man diese Zeit Greenwich Mean Time (GMT).

Die Informationen werden über ein internationales Leitungssystem überallhin verbreitet. So weiß man beim Deutschen Wetterdienst in Offenbach zu jeder Zeit, wie das Wetter in irgendeinem Winkel der Erde gerade ist, und schickt uns eine kleine Auswahl. Sie stammt von den rund 700 Stationen, die das Gebiet abdecken, das Sie im Wetterbericht sehen – also Europa und die nordafrikanischen Mittelmeerstaaten.

Computerergebnisse

Satellitenbilder und Wetterbeobachtungsdaten ermöglichen trotz aller Mängel dem Meteorologen, sich ein recht umfassendes Bild vom bestehenden Wetter zu erarbeiten und daraus eine Prognose zu erstellen.

Diese Arbeit wird von Computern unterstützt, die das Verhalten der Atmosphäre simulieren können. Sie sind in der Lage, aus allen nur erdenklichen Zahlen, die über das Wetter vorliegen, die wahrscheinlichste Entwicklung auszurechnen. Doch auch Computerergebnisse bilden nur sehr grob das großartige Schauspiel ab, das die Natur Tag für Tag für uns bereithält.

Wie Sie nun erfahren haben, können wir Meteorologen Wetterentwicklungen zwar ankündigen, aber keine Vorsage für die regionalen Auswirkungen machen. Darum müssen Sie sich selbst kümmern. Wenn Sie regelmäßig das Wetter beobachten, werden Sie bald in der Lage sein, aus den verschiedenen Gegebenheiten die richtigen Schlüsse zu ziehen. Lernen Sie die Wolken kennen und Veränderungen in ihrem Erscheinungsbild deuten. Dann wird der Wetterbericht für Sie zu dem, was er nur sein kann: eine Information, mit deren Hilfe Sie Ihre eigene lokale Wettervorsage präziser erstellen können.

Die Wolken

In früheren Zeiten, als die Menschen noch mehr im Einklang mit der Natur waren, hatten sie auch ein viel innigeres Verhältnis zum Wetter. Zum Beispiel haben Anthropologen herausgefunden, daß Indianerstämme, die Wetterveränderungen voraussahen und sich darauf vorbereiteten, weiterlebten und gediehen, während andere, die nicht so wetterkundig waren, umkamen.
Wetter gibt es immer und überall – daran hat sich bis heute nichts geändert. Doch da sich unser Leben überwiegend in geschlossenen Räumen abspielt, häufig auch noch in einem künstlichen Klima, ist uns das Gefühl für Wetter und seine Entwicklung mehr und mehr verloren gegangen. Damals, als Bauern und Hirten noch eng mit dem Wetter zusammenlebten, war es immer der Blick zum Himmel, der sie als erstes lehrte, was auf sie zukommen würde. Hier bot sich ihnen das Bild der Wolken. Sie konnten in ihnen lesen wie in einem Buch und fanden sich in deren Veränderungen genauso zurecht wie wir uns heute als Autofahrer im Straßenverkehr.
Denn durch die Wolken wird sichtbar, was sich in der Atmosphäre tut (→ Wie Wolken entstehen, nebenstehend). Ständig sich wandelnd, nehmen sie immer neue Formen an, je nachdem, in welcher Luftschicht sie gerade schweben. So kann man von ihrem Aussehen ablesen, wie die Luft beschaffen ist und ob sie sich in ihrem Verhalten geändert hat. Gerade das ist wichtig, denn es hat meist einen Wetterumschwung zur Folge. Werden Sie also wieder zu »Himmelsguckern« und lernen Sie, sich in der Wolkenkunde auszukennen. Damit tun Sie den ersten Schritt in Richtung einer eigenen Wettervorhersage.

Wie Wolken entstehen

Eine Wolke ist zunächst einmal nichts anderes als eine Anhäufung von verschiedenen kleinen Wassertröpfchen oder Eiskristallen oder von beiden gemeinsam. Bevor sie sichtbar wird, ist sie Wasserdampf, der sich mit der Luft gemischt hat. Plötzlich – doch ich will aus dem Gedicht »Erinnerung an die Marie A.« von Bertolt Brecht zitieren:
»Und über uns im schönen Sommerhimmel
War eine Wolke, die ich lange sah
Sie war sehr weiß und ungeheuer oben
Und als ich aufsah, war sie nimmer da.«

Feuchte Luft
Die Luft, die uns umgibt, ist ein Gemisch aus verschiedenen Gasen, zum Beispiel Stickstoff, Sauerstoff und Kohlendioxid. Auch der Wasserdampf gehört dazu. Allerdings hat er die Eigenart, mal viel, mal wenig »aufzutreten«. Ist Wasserdampf in großer Menge vorhanden, sagt man, die Luft sei feucht. Als trocken bezeichnet man sie hingegen bei wenig Wasserdampf. Richtiger wäre ja, von geringer Feuchte zu sprechen, denn vollkommen trocken ist die Luft nie.

Zum Bild:
Plötzlich ist eine Wolke da – sichtbares Zeichen dafür, daß Wärme und Feuchte in die Höhe transportiert werden.

Noch ist der Himmel wolkenlos. *Eine Wolke taucht auf.*

Unbegrenzt viel Wasser aufnehmen kann die Luft allerdings nicht. Sie ist wie ein Schwamm, der sich so lange begierig voll Wasser saugt, bis es wieder aus ihm heraustropft. Aber da gibt es noch den Unterschied zwischen einem großporigen und einem feinporigen Schwamm. Bei dem einen fängt es früher an zu tropfen als beim anderen. So ist es auch bei der Luft. Nur hängt es bei ihr nicht von der Größe der Poren ab, wieviel Wasserdampf sie maximal aufnehmen kann, bis sie gesättigt ist, sondern von den Wärme- oder Kältegraden. So enthält 1 cbm Luft an einem kalten, neblig-trüben Novembertag bei 3 °C höchstens 5 g Wasserdampf, an einem schwül-warmen Sommertag bei etwa 20 °C dagegen 15 g. Dennoch ist in beiden Fällen die Sättigung erreicht. Enthielte die Luft an diesem warmen Sommertag nur 5 g Wasserdampf, würde man sie als angenehm trocken empfinden.
Trocken oder feucht bezieht sich also auf die maximal mögliche Wasserdampfmenge, die bei der gerade herrschenden Temperatur in der Luft vorhanden ist. Diese relative Luftfeuchte (→ Seite 45) wird in Prozent angegeben und schwankt zwischen 0 % (absolute Trockenheit) und 100 % (Sättigung). Bis 99 % passiert nichts, aber sobald 100 % erreicht sind und die Luft gesättigt ist, verwandelt sich der überschüssige Wasserdampf sofort in kleine Wassertröpfchen. Das nennt man Kondensieren und die Temperatur, bei der das geschieht, den Taupunkt.
Geschieht das am Erdboden, schlagen sich die Wassertröpfchen als Tau nieder (→ Seite 40).

Verbleiben die Wassertröpfchen in der Luft über dem Boden, sprechen wir von Nebel. Kondensiert der Wasserdampf erst in größerer Höhe, dann entsteht eine Wolke.
Wolken sind also, zusammen mit Tau und Nebel, sichtbare Zeichen ein und desselben Prozesses.

Sättigung der Luft
Sie ist auf zweierlei Wegen möglich:
● Durch Abkühlen, das heißt, die Temperatur »rutscht« zum Taupunkt hinunter.
Diesen Vorgang können Sie beobachten, wenn Sie sich an einem heißen Sommertag ein kühles Bier einschenken und das Glas sich beschlägt. Die Luft um das kalte Glas herum kühlt sich so lange ab, bis die relative Feuchte 100 % erreicht hat und der überschüssige Wasserdampf als Tröpfchen am Glas kondensiert. Wenn Sie jetzt noch die Temperatur des Bieres messen würden, wüßten Sie auch den Taupunkt.
● Durch Anreichern mit Wasserdampf, das heißt, der Taupunkt »klettert« zur Temperatur hoch.
Diesen Prozeß können Sie in Ihrem Badezimmer nachvollziehen. Wenn Sie heiß duschen, steigt der Wasserdampfgehalt der Luft. Sobald der Spiegel beschlägt, wissen Sie, daß dort die relative Feuchte 100 % zuerst erreicht hat.
Die meisten Wolken entstehen durch abkühlende Luft. Dazu führen wir uns noch einmal den angenehm trockenen und warmen Sommertag vor Augen. Mit 5 g Wasserdampf pro cbm Luft beträgt die relative Feuchte gerade 30 %. Nun steigt warme Luft bekanntlich in die Höhe. Dabei

Eine weitere gesellt sich dazu.

Mittags ist der Himmel stark bewölkt.

kühlt sie sich ab, denn je höher sie kommt, desto kälter wird es; in 2000 m Höhe herrscht nur noch eine Temperatur von 3 °C. Jetzt ist der Taupunkt erreicht. Die relative Feuchte beträgt 100 %, der Wasserdampf beginnt zu kondensieren, und am Himmel taucht plötzlich eine weiße Wolke auf. Die Höhe, in der dies geschieht, nennt man Kondensationsniveau.

Wo Wolken leben

Der Wolkenhimmel läßt sich mit einem mehrstöckigen Gebäude vergleichen. In den verschiedenen Etagen sind verschiedene Wolken beheimatet und füllen sie mit einer mehr oder weniger dicken Schicht. Dazwischen verkehren Aufzüge, in denen die Wolken auf- und abfahren.
Daß die Atmosphäre in Stockwerke eingeteilt ist, liegt an der Schwerkraft der Erde (→ Der besondere Planet Erde, Seite 52), die allem, was ihr unterliegt, eine gewisse Ordnung aufzwingt und Abweichungen sofort auszugleichen sucht. Dieses Ordnungsprinzip läßt sich im kleinen am Rauch einer Zigarette nachvollziehen. Zunächst steigt er ungeordnet in die Höhe, doch nach einiger Zeit können Sie in geschlossenen Räumen sehen, daß die Rauchschlieren horizontal verlaufen. Genauso verhält es sich mit den Wolken am Himmel.
● Sind nur übereinander geordnete Etagen zu beobachten, haben wir es mit Schichtwolken zu tun. Man sagt dann: Die Luft ist stabil.

Zu den Bildern:
Wenn an einem Sommermorgen die Sonne aufgeht und den Boden erwärmt, beginnt die Luft wie ein Heißluftballon in die Höhe zu steigen. Kondensiert der Wasserdampf zu kleinen Tröpfchen, dann erscheint eine Wolke. Je mehr Feuchte vorhanden ist, desto größer wird sie.
Läßt am Nachmittag die Sonnenstrahlung nach, fällt auch die Wolke langsam in sich zusammen, und bald ist der Himmel wieder wolkenlos.

Vorhergehende Doppelseite:
Ein Himmel voller Wolken, doch aus ihnen wird bestimmt kein Regen fallen.

Altostratus im Alpenvorland.

Dichter Altostratus kündigt Regen an.

Die Sache mit den Aufzügen folgt aus der Tatsache, daß die Sonnenstrahlung die Luft nicht direkt erwärmt, sondern auf dem Umweg über die Erdoberfläche (→ Die vertikale Schichtung, Seite 55). Diese wird von der Sonne aufgeheizt und gibt dann wie eine Herdplatte die Wärme an die darüberliegende Luft ab. Durch die Erwärmung dehnt sich die Luft aus und wird gleichzeitig leichter, da dieselbe Masse nun ein größeres Volumen einnimmt. Sie beginnt in die Höhe zu steigen, eine Eigenart, die beim Heißluftballon ganz direkt ausgenutzt wird. Sicherlich haben Sie auch schon beobachtet, wie über einer heißen Teerstraße die Luft flimmert.

• Am Himmel macht sich das in quellenden Wolken bemerkbar. Überwiegen diese aufsteigenden oder Quellwolken, sagt man: Die Luft ist labil. Je größer der Abstand von der Erdoberfläche, desto mehr Wärme gibt die aufsteigende Luft ab, wird also kälter. Die Wolkentröpfchen beginnen dann zu frieren und verwandeln sich allmählich in Eiskristalle.

Experten-Rat: Wolken sind eigenwillige Gebilde, die sich weder an ihre Stockwerke noch an ihre Unterscheidungsmerkmale halten. Beobachten Sie ihre Entwicklung in kurzen Zeitabständen.

Altocumulus im Sommer.

Altocumulus im Winter.

Wie Wolken sich unterscheiden

Um Ordnung in das Wolkendurcheinander zu bringen, hat man sich international auf eine Gliederung geeinigt, die sich nach der Höhe und dem Aussehen richtet.

<u>Nach dem Aussehen</u> heißen die Wolken:
- haufenförmig (Cumulus)
- schichtförmig (Stratus)
- schleierförmig (Cirrus)

<u>Nach der Höhe,</u> in der die Untergrenze der Wolken liegt, gruppieren sie sich folgendermaßen:
- Tiefe Wolken. Zu ihnen gehören Cumulus, Stratus und als Mischform Stratocumulus. Sie

Zu den Bildern:
Altostratus und Altocumulus sind häufig Vorboten einer Wetteränderung. Während Altostratus Regen oder Schnee ankündigt, kann es bei Altocumulus sowohl schönes als auch schlechtes Wetter geben.

Folgende Doppelseite:
Altocumulus castellanus bei Sonnenuntergang – da wird es in der Nacht noch blitzen und donnern.

Altocumulus lenticularis, auch »Lenti« oder Föhnfisch genannt.

bilden sich in der untersten Etage bis etwa 2 km Höhe und bestehen aus Wassertröpfchen. Cumulonimbus und Nimbostratus werden wegen ihrer Untergrenze ebenfalls zu den tiefen Wolken gerechnet. Sie reichen aber bis in die mittelhohe und hohe Etage.

● Mittelhohe Wolken. Zu ihnen zählen Altostratus und Altocumulus. Diese Mischwolken aus Wasser und Eis halten sich in der mittleren Etage etwa zwischen 2 km und 7 km auf.

● Hohe Wolken. Sie heißen Cirrus, Cirrostratus und Cirrocumulus. Da sich ihr Gebiet oberhalb von 7 km erstreckt, wo es am kältesten ist, bestehen sie nur mehr aus Eiskristallen.

Tip für die Wetterprognose: Ziehen Wolken aus einer anderen Richtung als der des Bodenwinds schnell heran, ändert sich das Wetter. Tiefe Wolken aus Südwest und hohe aus Nordwest sind Vorboten der Warmluft, tiefe Wolken aus Nordwest und hohe aus Südwest Vorboten der Kaltluft.

Die zehn Wolkenfamilien

Die zehn Wolkenfamilien (→ vordere Klapptafel) bekamen von der WMO (World Meteorological Organization) also lateinische Namen nebst Abkürzungen, die in der folgenden Beschreibung in Klammern stehen. Wie das Wort »Wolken-familie« schon erkennen läßt, sind weitere Unterscheidungen in einzelne Familienmitglieder möglich. Um die Übersicht zu behalten, werde ich auf diese Unterteilung weitgehend verzichten. Nur dort, wo besondere Formen als Wetterzeichen von Bedeutung sind, will ich sie vorstellen.

Cumulus (Cu) _____ Tiefe Wolken
Als Haufen- oder Quellwolke weist der Cumulus eine glatte horizontale Untergrenze auf, die schattig und verhältnismäßig dunkel erscheint. Darüber wölbt sich in Form von Kuppeln und Hügeln der glänzend weiße Wolkenkörper, der sich isoliert und scharf begrenzt gegen den Himmel abhebt. Je nach Mächtigkeit der Wolken-körper unterscheidet man drei Familienmitglieder:

Cirrus oder Federwolke.

Cumulus humilis (lat.: flach, niedrig) ist der Winzling unter den Quellwolken.
Cumulus mediocris (lat.: gemäßigt) wird sein größerer Bruder genannt.
Cumulus congestus (lat.: Anhäufung, Masse) ist der mächtigste Vertreter dieser Familie. Er reicht mit seiner Kuppel bis weit in die mittlere Etage, besteht also in seinem oberen Teil aus Wasser und Eis. Bei seinem Erscheinen kann es kräftige Regen- oder im Winter Schneeschauer geben.

Stratus (St) ——————————— Tiefe Wolken
Diese einförmige Wolkenschicht sieht ziemlich langweilig aus, da sie meist ohne scharfe Untergrenze grau und trist den gesamten Himmel bedeckt. Durch die im allgemeinen dünne Wolke ist die Sonne als Scheibe klar zu erkennen. Aus einer dickeren Stratusdecke können leicht Niesel- oder Sprühregen fallen, im Winter feine Schneesterne oder Schneegrießel. Eine Stratuswolke wird auch als Hochnebel bezeichnet. Besonders bei winterlichen Hochdrucklagen liegt die Untergrenze manchmal so tief, daß Turmspitzen und Hochhäuser in der Wolke verschwinden.

Zu den Bildern:
Wolken leben und können Geschichten erzählen. So kündet die linsenförmige Wolke auf der linken Seite vom Föhn im Gebirge, der mit großer Geschwindigkeit von der Höhe ins Tal fegt. Die Cirruswolke zeigt an, wie schnell die Luft in großer Höhe dahinzieht. Je rascher sie ist, desto faseriger werden die Wolkenstreifen.

Stratocumulus (Sc) _____ Tiefe Wolken

Wie der Name schon sagt, ist der Stratocumulus eine Wolke, die einerseits geschichtet erscheint, andererseits durch Bodeneinflüsse wie Erwärmung oder turbulenten Wind in weißgraue Ballen oder Schollen gegliedert ist. Von den Cumuluswolken unterscheiden ihn unscharfe Ränder, unterschiedliche Formen und eine unregelmäßige Untergrenze. Die einzelnen Ballen oder Schollen dehnen sich horizontal größer aus als vertikal. Ihre jeweilige Breite entspricht der Stärke von mehr als drei Fingern bei ausgestrecktem Arm. Der Stratocumulus ist die wohl häufigste Wolkenform bei uns. Er tritt bei allen Wetterlagen auf.

Altostratus (As) _____ Mittelhohe Wolken

Der Altostratus erscheint meist in einer Höhe von 2 km im Winter bis 6 km im Sommer als graue Wolkenschicht von einförmigem Aussehen. Manchmal sind schwache streifenförmige Strukturen erkennbar. Die Wolke besteht aus Wassertropfen und Eiskristallen und ist so mächtig, daß die Sonne im allgemeinen nicht durchscheint.

Altocumulus (Ac) _____ Mittelhohe Wolken

Die Haufenform der mittelhohen Wolken erscheint weißgrau schattiert aus Flecken oder Ballen zusammengesetzt. Die Einzelelemente sind oft in Form von Bänken, Walzen oder Wogen geordnet. Als grobe »Schäfchenwolken« sind sie kleiner als die Wolkenelemente des Stratocumulus und entsprechen in ihrer Ausdehnung etwa der Breite von zwei bis drei Fingern bei ausgestrecktem Arm. Sie weisen einen grauen Kern auf und erscheinen nur noch in der Nähe der Sonne hellweiß.

Altocumulus ist eine Wolkenfamilie, die bei uns sehr häufig vorkommt und sich aus ziemlich vielen Mitgliedern zusammensetzt, deren unterschiedliches Auftreten bedeutsam ist für die weitere Wetterentwicklung. Zwei von ihnen habe ich herausgegriffen, da sie gute Beispiele sind für Hinweise, die man aus der richtigen Deutung von Wolkenbildern gewinnen kann.

Altocumulus castellanus: Schon sein Name – castellanus heißt: zur Burg gehörig – weist auf das Aussehen dieser Wolke hin. Die turmartigen Aufquellungen, die plötzlich aus einer Altocumulus-Bank herausragen, sind meist recht regelmäßig nebeneinander angeordnet und erinnern an eine mit Zinnen bewehrte Burg. Die schmalen Auswüchse sind Anzeichen dafür, daß hier verstärkt Luft aufsteigt. Erscheint diese Wolkenform schon am Vormittag am Himmel, können Sie am Nachmittag mit Regenschauern und Gewittern rechnen.

Altocumulus lenticularis (lat.: linsenförmig): Dagegen kündigt dieses Familienmitglied freundliches Wetter an, sobald sich eine Altocumulus-Schicht in linsenförmige Einzelwolken auflöst. Silbrig-glänzend, manchmal mit einem grauen Mittelteil, scheinen sie unverrückbar am Himmel zu stehen. Die Schönheit dieser Wolke täuscht darüber hinweg, daß sich das Wetter in kürzester Zeit ändern kann. Solche Wetterstürze führen häufig eine Wetterlage mit diesen linsenförmigen Wolken im Schlepptau (→ Der Föhn, Seite 96).

Cirrus (Ci) _____ Hohe Wolken

Die Cirren, die wegen ihres Aussehens auch Federwolken genannt werden, bestehen aus Eiskristallen. Sie erscheinen als faserige, schleierartige oder bauschige Fäden, Bänder oder Flecken. Üblicherweise sind sie hellweiß, oft mit einem seidenen Glanz.

Besonders eindrucksvoll ist das Bild, wenn Eiskristalle aus einer Schicht, wo hohe Windgeschwindigkeit herrscht, in tiefere Schichten fallen, in denen der Wind schwächer bläst. Dann hängen die Cirren wie Krallen am Himmel.

Cirrostratus (Cs) _____ Hohe Wolken

Der Cirrostratus ist ein milchig-weißer Wolkenschleier, der, an den Rändern faserig, entweder fast den ganzen Himmel bedeckt oder sich durch eine glatte Begrenzung vom sonst wolkenlosen Himmel abhebt. Er ist so dünn, daß die Sonne praktisch ungehindert durchscheinen kann. Lichtbrechung an den Eiskristallen erzeugt häufig eindrucksvolle Erscheinungen wie Nebensonnen, farbige Ringe oder Säulen, sogenannte Halos. Nachts ist der Cirrostratus nur durch solche Halo-Erscheinungen bei Mondschein zu identifizieren.

Cirrocumulus (Cc) _____ Hohe Wolken

Der Cirrocumulus besteht meist aus Eiskristallen. Er kann aber auch noch stark unterkühlte Wassertröpfchen enthalten. Als feine Schäfchenwolken setzt sich die Wolke aus kleinen weißen Flecken oder Bällchen zusammen, die gerippt oder gekörnt mehr oder weniger regelmäßig in Bändern oder Gruppen miteinander verwachsen erscheinen. Oft lassen sie sich nur schwer von den mittelhohen Altocumulus unterscheiden. Als Regel kann gelten, daß die einzelnen Wolkenteile

Cirrocumulus bei Tag.

Cirrocumulus bei Nacht.

Cirrostratus mit Halo.

Cirrocumulus mit ehemaligem Kondensstreifen.

eine Ausdehnung von weniger als 1° haben, was etwa der Breite des kleinen Fingers bei ausgestrecktem Arm entspricht.

Zum Schluß wollen wir uns noch die mächtigsten Wolkenfamilien anschauen: den Nimbostratus und den Cumulonimbus. Das in beiden Begriffen vorkommende Wort »Nimbus« bedeutet Sturmwolke, Platzregen. Damit ist schon ausgedrückt, was uns bei diesen Wolken erwartet.

Nimbostratus (Ns) _____ Tiefe Wolken
Der Nimbostratus, typisch für tristes Wetter mit langanhaltendem Landregen oder Schneefall, erscheint als dunkelgraue Wolkenschicht, die mehrere Kilometer mächtig wird, so daß selbst in den Mittagsstunden die Lichter eingeschaltet werden müssen. Er ist dem dichten Altostratus verwandt, allerdings liegt seine Untergrenze niedriger. Darunter bilden sich durch den Regen Wolkenfetzen, die von dem mit dieser Wolkenfamilie häufig einhergehenden, kräftigen Wind rasend schnell vorbeigetrieben werden.

Cumulonimbus in der Anfangsphase.

Die Kappe vereist.

Es wird schwarz.

Gleich öffnen sich die Schleusen.

Der Blitz hat eingeschlagen.

Das Gewitter zieht ab.

Ausgereifter Cumulonimbus mit Amboß.

Es blitzt und donnert.

<u>*Zu den Bildern:*</u>
Der Cumulonimbus ist der Gigant unter den Wolken. Die riesigen Energien, die in diesem Wolkenkoloß stecken, entladen sich in Regenströmen oder Hagelunwettern, verbunden mit Blitz und Donner.

Nimbostratus mit lang anhaltendem Niederschlag.

Cumulonimbus (Cb) _____ Tiefe Wolken

Der Gigant unter den Wolken quillt von der tiefsten Etage bis weit in das oberste Stockwerk. Im Höhepunkt seiner Entwicklung erscheint der Cumulonimbus von der Seite wie ein riesiger Amboß. Dann vereisen in der obersten Etage der Wolken die Wassertröpfchen, und die vorher scharfen Wolkenränder werden faserig. Wenn der Cumulonimbus von der Sonne beschienen wird, wölbt sich über einem dunklen, fast schwarzen Fuß der massige Wolkenturm mit gleißend hellen und schattigen Bereichen. Steht er jedoch vor der Sonne, erscheint er drohend grau. Befindet man sich gar darunter, sieht man nur noch eine dunkelgraue bis schwarze Wolkenmasse über sich. Heftige Regenschauer, von Blitz und Donner begleitet, gehen nieder. Hagel wird von einem unwirklich fahlen, gelblich-grünen Leuchten innerhalb der schwarzen Wolkenmasse angekündigt.

Böenwalze

Wenn Cumulonimben im Verband ziehen, wie dies zum Beispiel bei einer intensiven Kaltfront geschieht (→ Kaltlufttransport, Seite 68), wandert eine langgestreckte und drohend schwarze Wolkenwalze voraus und kündigt unmittelbar bevorstehende Regen- oder Hagelschauer an. Sobald sie den Beobachter erreicht, setzen plötzlich Sturm- und Orkanböen ein. Eine Böenwalze entsteht, wenn die Regen- und Hagelmassen durch den Cumulonimbus zu Boden stürzen. Dabei verdrängen sie die Luft unter sich, so daß diese mit hoher Geschwindigkeit nach vorne auseinanderschießt.

Virga

Vielleicht haben Sie beim Blick gegen die tiefstehende Sonne schon einmal aus einer Wolke Schleier hängen sehen. Sie werden Virga genannt und sehen wie parallel nebeneinander angeordnete Streifen aus, die senkrecht oder leicht gebogen unter der Wolke erscheinen und immer dünner werden. Sie entstehen, wenn Regentropfen oder Eiskristalle aus der Wolke fallen, die Luft darunter jedoch so warm und/oder trocken ist, daß sie sofort verdunsten und den Erdboden nicht erreichen.

Kondensstreifen

Sie sollen nicht unerwähnt bleiben, obwohl sie mit den richtigen Wolken nichts zu tun haben, sondern nur die sichtbare Folge der Luftverschmutzung durch den Flugverkehr sind. Aus den Triebwerken der sehr hoch fliegenden Düsenmaschinen werden neben den Abgasen auch Ruß und reichlich Wasserdampf in die kalte und reine Höhenluft hinausgeblasen. Da kalte Luft aber nur sehr wenig Wasserdampf aufnehmen kann, kondensiert dieser an den feinen Rußteilchen zu Wassertröpfchen oder Eisnadeln, die dann je nach Ausmaß der natürlichen Luftfeuchtigkeit kurz hinter den Flugzeugen als weiße Streifen zu sehen sind.

Zu den Bildern:
Der Nimbostratus ist ein zuverlässiger Regenverkünder. Machen sich dagegen mehrere Wolkenfamilien sozusagen das Revier streitig, ist demnächst mit einem Gewitter zu rechnen.

Wolken lieben die Gemeinschaft

Meist sind mehrere Wolkenfamilien am Himmel vorhanden. Manchmal sind sie fein säuberlich getrennt, häufig ziehen sie jedoch bunt gemischt einher, was die Unterscheidung nicht gerade einfach macht. Unser »Wolkenhaus« hat zwar Etagen und Fahrstühle, aber keine festen Wände und Decken. So sorgt der Austausch zwischen kalter Luft aus dem Norden und warmer Luft aus dem Süden (→ Das Tiefdruckgebiet, Seite 60) für Verschiebungen in den Etagen, während die unterschiedliche Erwärmung der Erdoberfläche (→ Die vertikale Schichtung, Seite 55) Unruhe zwischen den Etagen schafft. Da im Winter die Sonnenstrahlung wesentlich schwächer ist als im Sommer, die Luft damit insgesamt kälter (→ Winterhoch über Land, Seite 84), werden die hohen Wolken als reine Eiswolken schon in geringerer Höhe auftauchen. Es ist klar, daß all diese unterschiedlichen Luftbewegungen sich in den Wolken bemerkbar machen, weshalb es dauernd zu Veränderungen untereinander kommt. Nur ständiges Beobachten wird Sie die Gemeinsamkeiten der Wolkenfamilien erkennen lassen.

Chaotischer Himmel mit verschiedenen Wolkenfamilien.

Die Niederschläge

Ginge es nur um die Bedürfnisse unserer Freizeitgesellschaft, sollten Niederschläge möglichst immer woanders fallen, es sei denn, sie tun es in Form von Schnee. Erstaunlicherweise sonnen sich Schlager, die das verpönte Naß besingen, im Dauererfolg; ich erinnere nur an die unverwüstliche Fröhlichkeit von »Singin' in the rain«.

Der Landwirt hingegen pflegt ein ganz anderes Verhältnis zu dieser weiteren sichtbaren Wetteräußerung, was sich in den diversen Bauernregeln lakonisch treffend niederschlägt: »Siehst Wolkenberge du am Morgen, hast du abends Regensorgen.«

Daß es Niederschläge nur im Zusammenhang mit Wolken gibt, weiß jedes Kind. Warum aber aus der einen Wolke Regen, aus der anderen Schnee und aus der dritten gar nichts fällt, hat mit Vorgängen zu tun, die ich im folgenden erklären möchte.

Wie Eiskristalle wachsen

Da im Wolkenhaus die Temperatur mit der Höhe normalerweise abnimmt, herrscht in den oberen Etagen frostige Kälte. Man könnte also annehmen, daß unter 0 °C die Wolkentröpfchen zu frieren anfangen. Das tun sie zwar, aber nicht spontan.

Das liegt daran, daß der Wasserdampf, der in der Luft enthalten ist, zum größten Teil aus den salzigen Ozeanen stammt. Die Wolkentröpfchen bestehen also nicht aus reinem Wasser, sondern aus salzhaltigen Lösungen. Und so wie das Wasser auf den Straßen nach winterlichem Salzstreuen trotz Frost von −10 °C nicht gefriert, bleiben auch die Wolkenteilchen zunächst noch flüssig.

Wird es jedoch noch kälter, entsteht irgendwann plötzlich ein Eiskristall. Wie das genau vor sich geht, weiß man noch nicht. Auf jeden Fall gibt es nun ein Nebeneinander von unterkühlten Wassertröpfchen, Eiskristallen und Wasserdampf.

Und jetzt beginnt ein gnadenloser Verdrängungskampf. Die Eiskristalle wachsen wesentlich schneller als die Wassertröpfchen, nehmen diesen also die Nahrung, nämlich den Wasserdampf, weg. Gleichzeitig stürzt sich die noch geringe Zahl der Eiskristalle auf die riesige Masse der unterkühlten Wassertröpfchen. Diese frieren bei Berührung an den Eiskristallen an. Während also Zahl und Masse der Eiskristalle wachsen, werden die unterkühlten Wassertröpfchen immer weniger. So wandelt sich die ursprünglich reine Wasserwolke allmählich in eine reine Eiswolke um, je kälter die Wolkenluft wird.

Nach dem Verhältnis von unterkühlten Wassertröpfchen zu Eiskristallen kann man eine Wolke in vier Stockwerke einteilen:

0 °C bis −12 °C: Unterkühlte Wassertröpfchen überwiegen.

−13 °C bis −20 °C: Wassertröpfchen und Eiskristalle halten sich die Waage.

−21 °C bis −40 °C: Eiskristalle überwiegen.

Unter −40 °C: Nur noch Eiskristalle vorhanden.

Je höher eine Wolke also reicht, desto eisiger ist die Kuppe.

Fallstreifen, Virga genannt.

Wie Regentropfen entstehen

Regentropfen darf man nicht mit den Wassertröpfchen in der Wolke verwechseln. Während
diese nur einen Durchmesser von 0,02–0,1 mm
haben, können Regentropfen bis 5 mm dick
werden, also 50- bis 250mal größer.
Was läßt die Regentropfen so groß werden?
Einmal stellt man sich vor, daß zwei Tröpfchen in
der Wolke zusammenstoßen und zu einem
werden. Dies wiederholt sich so lange, bis ein
großer Regentropfen entstanden ist. Allerdings ist
das ein langwieriger Prozeß. Nur bei tiefen
Schichtwolken, Stratus also (→ Seite 29), die sich
tagelang halten, bilden sich auf diese Weise kleine
Regentropfen, die wir dann als sogenannten
Niesel- oder Sprühregen abkriegen (→ Seite 38).
Bei Quellwolken hingegen, die in ihrem kurzen,
manchmal nur eine Stunde währenden Leben
kräftige Regenschauer liefern, muß dieses Wachstum sehr schnell vor sich gehen. Und das schaffen
nur die Eiskristalle, die innerhalb von zwanzig
Minuten um das 10 000fache wachsen können.

Zum Bild:
Wenn aus einer Wolke
Niederschlag fällt, erreicht
er nicht immer den Boden.
Manchmal ist es unter der
Wolke so warm und/oder
trocken, daß er verdunstet
und nur mehr als Fallstreifen
oder Virga zu erkennen ist.

Wenn Niederschlag fällt

Regentropfen haben also mit Eiskristallen zu tun. Irgendwann sind diese nämlich so schwer geworden, daß sie durch die Wolke nach unten zu fallen beginnen. Stoßen sie dabei an andere Eiskristalle, verhaken sie sich oder frieren zusammen. Unterkühlte Wassertropfen frieren an, und so wachsen die Eiskristalle immer weiter.

Ihr Schicksal hängt nun von der Temperatur unterhalb der Wolke ab und ist mit der Niederschlagsart, die jetzt fällt, eng verknüpft.

Ist die Luft warm und trocken, werden die Eiskristalle schnell schmelzen und dann verdunsten. Geschieht das, bevor sie den Erdboden erreicht haben, sehen wir sie nur mehr als Fallstreifen unterhalb der Wolke (→ Virga, Seite 34). Überstehen sie die Verdunstungsstrecke, dann kommen am Boden mehr oder weniger große Regentropfen an. Ist die Luft unterhalb der Wolke kalt, fällt Schnee. Großtropfiger Regen und Schneefall haben also denselben Ursprung, nämlich Eiskristalle.

Merksatz: Eine Wolke, die Niederschlag liefert (außer Nieselregen), muß mindestens so mächtig sein, daß in ihrem oberen Teil die Temperatur unter −10 °C liegt.

Solange die Eiskristalle noch klein und leicht sind, werden sie von der aufsteigenden Luft innerhalb der Wolke getragen. Je stärker deren Vertikalgeschwindigkeit ist, desto größer können die Eiskristalle werden, bevor sie durch ihre Schwere zu Boden fallen.

Aus Quellwolken (→ Seite 24) werden also bei sonst gleichen Verhältnissen unterhalb der Wolke größere Regentropfen fallen als aus Schichtwolken (→ Seite 23).

Die verschiedenen Niederschläge

Niesel- oder Sprühregen

Nieselregen entsteht, wenn feuchte Luft über kälteren Boden strömt. Dies ist häufig im Frühsommer an der Küste der Fall. Dann bildet sich über dem noch kalten Nordseewasser eine Stratusdecke, die tagelang Nieselregen bringen kann.

Da der Stratus (→ Seite 29) eine tiefe Wolke mit geringer Mächtigkeit ist, befinden sich im allgemeinen keine Eiskristalle in der Wolke. Niederschlag gibt es erst dann, wenn die Wassertropfen schwer genug werden. Bei sehr kaltem Winterwetter können auch kleine Schneesterne fallen.

Landregen

Landregen fällt aus einem tiefen Altostratus (→ Seite 30) oder bei größerer Intensität aus einem Nimbostratus (→ Seite 31), das heißt aus Schichtwolken. Aus dem geringen Auf und Ab der Luft in diesen Wolken erklärt sich die Gleichmäßigkeit des Landregens. Je stärker er fällt, desto mächtiger erhebt sich die Wolke bis in die oberste Etage und wird im Gipfelbereich eine reine Eiswolke sein.

Regenschauer

Das hervorstechende Merkmal eines Regenschauers ist seine wechselnde Intensität. Dies weist auf große Unruhe in der Wolke hin, woraus folgt, daß es sich um eine Quellwolke handeln muß. Von der Größe der Regentropfen und der Stärke des Regens kann man auf die Mächtigkeit der Wolke schließen. Schon der Cumulus congestus liefert kräftige Regenschauer, die mit wechselnder Intensität längere Zeit anhalten können, wenn sich die Wolken vor einem Hindernis, zum Beispiel vor Bergen, stauen. Die eigentliche Schauerwolke jedoch ist der Cumulonimbus (→ Seite 34). Hier sind die Aufwinde so heftig, daß selbst schwere Eisklumpen so lange gehalten werden, bis sich eine riesige Menge an großen Niederschlagselementen in der Wolke gebildet hat und es innerhalb weniger Minuten zu Überschwemmungen kommen kann.

Im Sommer erreichen die Cumulonimben ihre mächtigste Form. Weil die Luft explosionsartig in 12 bis 14 km Höhe schießt, können die orkanartigen Aufwinde Eisklumpen von 10 cm Durchmesser und mehr in der Wolke halten. Diese mächtigen Klumpen fallen nun mit so großer Geschwindigkeit zu Boden, daß die Zeit in der warmen Luft zum völligen Schmelzen häufig nicht ausreicht. Dann schlagen sie als mehr oder weniger große Eiskugeln auf die Erdoberfläche; das heißt, es hagelt.

Hagel

Regenschauer und Hagel unterscheiden sich also nicht beim Entstehen. Erst der Abschmelzprozeß bestimmt, ob am Boden große Regentropfen oder Hagelkörner ankommen. Wegen ihres Gewichtes

Wenn der Strom über die Ufer tritt.

stürzen die Hagelelemente mit beträchtlicher Geschwindigkeit zu Boden. Bei dem Unwetter vom 14. Juli 1984, das in München und Umgebung Schäden von über 1,5 Milliarden DM verursachte, müssen die Hagelkörner mit etwa 100 km/h auf dem Boden aufgeprallt sein.

> *Tip für die Wetterprognose: Bei Wolken-aufzug und rasch zunehmendem Sturm verzögert sich Regen oder Schnee.*

Graupel

Dem Hagel verwandt ist der Graupel. Er entsteht ebenfalls in Cumulonimben, ist aber eine Erscheinung, die hauptsächlich in den Wintermonaten auftritt. Wenn Polarluft nach Süden über wärmeren Untergrund strömt, entstehen Schauerwolken, die wegen der winterlichen Kälte schon in geringerer Höhe vereisen als im Sommer, also nicht so mächtig werden. So bilden sich nur kleine, unregelmäßige Eiskörner, die auch Lufteinschlüsse enthalten.

Zum Bild:
Wasser, das von oben kommt, fließt in den Boden, und das ist gut so. Schließlich brauchen die Pflanzen Feuchtigkeit, um zu wachsen, und die Menschen Trinkwasser, um zu existieren.
Manchmal meint es der Himmel jedoch zu gut. Dann kann der Boden all das Wasser nicht mehr fassen, und es gibt eine riesige Überschwemmung.

Tau im Spinnennetz.   *Rauhreif auf Tannenzweigen.*

Schnee

Wenn der Winter naht, beginnt die Zeit des Schneefalls. Da es in der Höhe kälter ist als im Tal, werden zuerst die Berggipfel mit einer weißen Haube überzogen. In den Niederungen regnet es, denn die Eiskristalle schmelzen noch auf dem Weg in die tieferen Schichten.

Bisher haben wir nur von »dem Eiskristall« gesprochen. Doch das stimmt nicht ganz, denn jedes Eiskristall ist anders. Es gibt die unterschiedlichsten geometrischen Formen, deren Ausbildung sehr stark von der Temperatur abhängt. So entstehen nur in dem sehr engen Bereich zwischen −12 °C und −16 °C die »idealen« Schneesterne, wie sie gerne gezeichnet werden. Doch auch bei Temperaturen darüber und darunter bilden sich die verschiedensten Kristalle, deren Formenreichtum sich von Plättchen über Nadeln bis hin zu Prismen erstreckt.

Was wir gemeinhin als Schneeflocke bezeichnen, ist allerdings kein einzelnes Eiskristall, sondern ein unregelmäßig großes Gebilde aus mehreren Kristallen. Der Klebstoff sind die in der Wolke befindlichen unterkühlten Wassertröpfchen, die bei Berührung die Kristalle durch spontanes Gefrieren miteinander verbinden. Je länger diese Gebilde durch die Wolke fallen, desto weiter wachsen sie, da bei steigender Temperatur die Menge der unterkühlten Wassertröpfchen zunimmt.

Werden bei Schneefall die Schneeflocken größer, kann man davon ausgehen, daß in der Höhe wärmere Luft angekommen ist. So eine Warm-front läßt die Freude über die herrlich großen Schneeflocken nur von kurzer Dauer sein. In der wärmer werdenden Luft beginnen sie zu schmelzen, und bald verwandelt der Regen die weiße Pracht in häßlichen Matsch.

Die folgenden vier Niederschlagsformen unterscheiden sich von den vorherigen dadurch, daß sie keinen Bezug zu den Wolken haben. Doch lassen sie Rückschlüsse auf die Wetterlage zu.

Tau und Reif

Der Wasserdampf ist nicht nur Ursache für Wolken und Niederschlag, sondern er sorgt wie die Decke, die uns beim Schlaf warm hält, auch dafür, daß der Erdboden über Nacht nicht zu stark abkühlt. Je mehr Wasserdampf die Luft enthält, desto größer ist der Schutz. So bleibt nach einem schwülen Sommertag, an dem sich die Luft mit Wasserdampf vollgesogen hat, auch die Nacht fast unerträglich warm, während es nach einem klaren Wintertag mit tiefblauem Himmel nachts klirrend kalt wird.

Wenn es bei trockener Luft am Boden so kalt wird, daß die relative Feuchte doch noch bis 100 % steigt, dann setzt sich bei einer Temperatur über dem Gefrierpunkt Tau ab. Rutschen die Grade darunter, spricht man von Reif.

Je trockener die Luft ist (→ Wie Wolken entstehen, Seite 18), desto stärker muß die Abkühlung sein, damit es zu Tau- oder Reifbildung kommt. Somit läßt sich der Feuchtegehalt der Luft aus dem morgendlichen Temperaturminimum schließen,

Schnee und Reif im Bergwald.

während man umgekehrt aus der abendlichen Feuchte die Tiefsttemperatur der kommenden Nacht bestimmen kann. Wenn also am Morgen Tau oder Reif liegt, verbunden mit einem starken Temperaturrückgang, ist die Luftfeuchtigkeit sehr niedrig, und es wird wenig oder gar keine Wolken geben. Sie können sich deshalb auf einen sonnigen Tag gefaßt machen.

Tip für die Wetterprognose:
Friert Regen als Glatteis am Boden fest,
wird es bald Tauwetter geben.

Rauhreif und Rauhfrost
Bei konstanten Hochdrucklagen kann es im Winter zu den besonderen Erscheinungen von Rauhreif und Rauhfrost kommen.
Weht ein beständiger Wind aus immer gleicher Richtung sehr feuchte Luft gegen ein Hindernis, wird sich diese als Reif auf der windzugewandten Seite absetzen. Ändern sich diese Verhältnisse über Tage hinweg nicht, wachsen dem Wind bizarre Fahnen entgegen. Die Länge der Fahnen reicht von wenigen Zentimetern bis weit über einen Meter. Wenn bei Windstille die unterkühlten Wassertröpfchen auf festen Flächen anfrieren, kann Rauhfrost entstehen. Hält eine solche Wetterlage mehrere Tage an, besteht die Gefahr, daß Bäume, Telefon- und Strommasten unter der Last des Eises zusammenbrechen.

Zu den Bildern:
Der Wasserdampf in der Luft legt sich wie eine Decke über den Erdboden und sorgt dafür, daß dieser über Nacht nicht zu stark auskühlt.
Auch Schnee hält den Boden warm und speichert die Feuchtigkeit so lange, bis im Frühjahr die Erde wieder bereit ist, Wasser aufzunehmen.

Folgende Doppelseite:
Böenwalze.
Die drohend schwarze Wolkenmasse kündigt Sturm und Hagel an.

Das meßbare Wetter

Mit der sorgfältigen Beobachtung der Wolken und der damit verbundenen Niederschläge können Sie schon sehr viel über das erfahren, was sich in der Lufthülle um uns herum tut. Doch längst nicht alles ist sichtbar im Wettergeschehen. Da sind Begriffe gefallen wie Luftdruck, Luftfeuchtigkeit und Lufttemperatur, Größen, in denen der Wetterfrosch sich so selbstverständlich zurechtfindet wie der Koch in den Gewürzen. Und wie dem einen sich durch Abschmecken das ganze Aroma eines Gerichtes erschließt, stellt sich dem anderen durch Betrachten von Kurven, Graden und Prozenten die Vielfalt der Wetterentwicklung dar.

Der Luftdruck

Im »Luftmeer« geht es uns so wie den Fischen in der Tiefsee, das heißt, die Luft erdrückt uns nicht, weil sie ohne Gewicht scheint. In Wirklichkeit unterliegt sie wie jeder andere Körper auch dem Einfluß der Schwerkraft und preßt mit ihrer ganzen Masse auf den Erdboden. So entsteht der Luftdruck, der dort am höchsten ist, wo die Luftschicht und somit ihr Gewicht am größten ist, nämlich genau über dem Boden. Da die Erde aber nicht wie ein ausgewalzter Kuchenteig platt daliegt, ist zum Beispiel der Druck über der Nordsee höher als über der Zugspitze. Um einen Vergleichswert zu erhalten, einigte man sich darauf, den Luftdruck an einer Station auf das Meeresniveau umzurechnen. Denkt man sich also die gesamte Masse der Atmosphäre von

5300 Billionen Tonnen (= 5,3 x 10^{15} Tonnen) in 0 m Höhe über die Erdoberfläche von 510 Millionen qkm verteilt, drückt die Luft mit durchschnittlich 1013 Hektopascal (hPa) auf den Boden.
Wäre nur die Höhe ausschlaggebend, müßte man den Luftdruck hinsichtlich des Wettergeschehens nicht unbedingt messen. Doch es gibt noch einen weiteren Faktor, der Einfluß auf ihn ausübt: die Temperatur. Kalte Luft ist schwer, das heißt, sie sinkt, während warme Luft durch Ausdehnung leichter wird und steigt. Dadurch ändert sich der Luftdruck auch auf gleicher Höhe, und erst aus diesen Schwankungen können wir Rückschlüsse auf das Wetter ziehen (→ Die vertikale Schichtung, Seite 55).
Geräte, mit deren Hilfe der Luftdruck gemessen wird, heißen Barometer (griech.: *baros* = Gewicht, Schwere). Es gibt sie in verschiedenen Ausführungen, da man die Messung nach mehreren Verfahren vornehmen kann, von denen ich zwei erklären möchte.

Tip für die Wetterprognose:
Gleichbleibender Luftdruck deutet auf beständiges Wetter hin, während schneller Druckanstieg nach veränderlichem Wetter nur vorübergehende Besserung anzeigt.

Quecksilberbarometer
Hier macht man sich zunutze, daß eine Quecksilbersäule von 760 mm Höhe mit dem Luftdruck das Gleichgewicht hält. So ein Barometer besteht aus einem mit Quecksilber gefüllten U-förmig

gebogenen Glasrohr, dessen längerer Schenkel oben verschlossen ist, während der kürzere sich zu einem offenen Gefäß erweitert. In dem geschlossenen Schenkel wird der Raum oberhalb des Quecksilbers luftleer gepumpt. Während die Luft nun auf die Quecksilbersäule im offenen Schenkel drückt, kann an ihren Bewegungen im geschlossenen Schenkel der Luftdruck an einer am oberen Ende angebrachten Skala abgelesen werden.

Aneroidbarometer

Es wird auch Dosenbarometer genannt und nutzt die Tatsache, daß Druck Gegendruck erzeugt. In einer luftleer gepumpten Dose ist eine Feder angebracht. Wird die Dose bei steigendem Luftdruck zusammengedrückt, stemmt sich die Feder durch Spannung dagegen; bei sinkendem Luftdruck entspannt sie sich wieder. Die Änderung der Ausdehnung wird über ein Hebelsystem durch einen Zeiger dargestellt. Vor noch nicht allzu langer Zeit wurde der Luftdruck in Millibar (mb) angegeben. Jetzt hat man sich auf Hektopascal (hPa) geeinigt. Pascal ist die Maßeinheit des Druckes und wurde nach dem französischen Philosophen, Mathematiker und Physiker Blaise Pascal so benannt. Er lebte im 17. Jahrhundert und entdeckte neben vielem anderen das Gesetz der kommunizierenden Röhren und die Verwendbarkeit des Barometers zur Höhenmessung.

Alter Flugzeug-Meteograph.

Die Luftfeuchtigkeit

Über die Luftfeuchtigkeit oder Feuchte wurde schon im Zusammenhang mit der Entstehung der Wolken geredet (→ Seite 18). Sie gibt Auskunft über die Wasserdampfmenge, die in der Luft vorhanden ist. Und da dies abhängig von der gerade herrschenden Temperatur ist, kann die Feuchte zwischen absoluter Trockenheit (0 %) und totaler Sättigung (100 %) schwanken, je nachdem, wie kalt oder wie warm die Luft gerade ist. Deswegen spricht man von relativer Luftfeuchtigkeit und gibt sie in Prozent an.

Die Geräte zur Messung der relativen Feuchte heißen Hygrometer (griech.: *hygros* = naß). Dabei nutzt man die Eigenschaft vieler Stoffe, sich bei feuchter Luft auszudehnen und bei trockener wieder zu schrumpfen. Einer davon ist das menschliche Haar. Vor allem rötlich-blondes Frauenhaar verfügt über besonders gute Elastizität, weshalb es sehr begehrt war für die

Nostalgische Geräte der Wettervorhersage.

Zu den Bildern:
Für den menschlichen Forschergeist war die Unfaßbarkeit des Wetters eine besondere Herausforderung. Zum Messen der Wolkengeschwindigkeit benutzte man den sogenannten »Wolkenrechen (im Bild unten). Man maß den Zug einer Wolke über die Zacken des Rechens, schätzte die Höhe ab und errechnete dann den Endwert.

Wetterstation auf dem Sonnblick (Hohe Tauern).

Herstellung solcher Meßgeräte. Aber das ist inzwischen schon fast Nostalgie, denn auch hier wurde das Naturprodukt durch Kunststoff ersetzt. In den Meßstationen der Wetterdienste wird die Feuchtigkeit nach einem anderen Verfahren bestimmt. Der physikalische Prozeß, der dieser Messung zugrunde liegt, ist Abkühlung durch Verdunstung. Sicherlich haben Sie sich an einem sehr heißen Tag nach dem Baden schon mal naß in die Sonne gelegt und dabei angenehme Kühle verspürt. Wegen der trockenen Luft verdunstete das Wasser auf der Haut sehr schnell und zog die dafür nötige Energie in Form von Wärme ab (→ Die vertikale Schichtung, Seite 55).
Bei der Messung der Luftfeuchte nach diesem Prinzip werden zwei Thermometer verwendet, von denen eines mit einem feuchten Tuch umwickelt ist. Je trockener die Luft ist, desto mehr Feuchte wird verdunsten und die Temperatur entsprechend sinken. Aus dem Temperaturunterschied zwischen den beiden Thermometern läßt sich dann über Formeln oder Tabellen die Luftfeuchte bestimmen.

Die Lufttemperatur

Wie wir aus den beiden vorhergehenden Abschnitten schon erfahren haben, hat unterschiedlich temperierte Luft sowohl Einfluß auf den Luftdruck als auch auf die Luftfeuchte. Weiterhin wissen wir, daß die Luft auf dem Umweg über den Erdboden erwärmt wird und danach wieder aufsteigt. Die Lufttemperatur, die in Bodennähe gemessen wird, stellt also ein Maß für den Wärmetransport in höhere Luftschichten dar (→ Temperaturänderungen, Seite 55). Daraus lassen sich in Verbindung mit der Luftfeuchtigkeit Prognosen für die Wolkenentwicklung im Tagesverlauf ableiten.
Die Geräte zum Messen der Temperatur sind die Thermometer (griech. *therme* = Wärme, Hitze). Bei den gebräuchlichen Thermometern wird die Eigenschaft genutzt, daß sich Stoffe bei Wärme ausdehnen. Am bekanntesten ist das Quecksilber-Thermometer, das zum Beispiel auch zum Fiebermessen benutzt wird.
Dazu schreibt Goethe 1825 in seiner Witterungslehre: »Nun hat man manches Instrument

ersonnen, um eben jene uns täglich anfechtenden Wirkungen dem Grade nach zu versinnlichen; das Thermometer beschäftigt jedermann, und wenn er schmachtet oder friert, so scheint er in gewissem Sinne beruhigt, wenn er nur seine Leiden nach Réaumur oder Fahrenheit dem Grade nach aussprechen kann.«

Dem läßt sich nichts hinzufügen, außer daß man heute – abgesehen von den USA – in Grad Celsius (°C) mißt, benannt nach dem schwedischen Astronomen Anders Celsius.

Für USA-Reisende kann es wichtig sein zu wissen, wie sich Fahrenheit- in Celsiusgrade umrechnen lassen:

°F	0	32	50	68	86	100
°C	−18	0	10	20	30	38

Für den Taschenrechner lautet die Formel:
$$°C = \frac{5}{9} \, (°F - 32)$$

Bei Wetterstationen, die man für den Hausgebrauch kaufen kann, wird das sogenannte Bimetall-Thermometer angeboten. Hierfür werden zwei verschiedene Metalle, die sich bei Wärme unterschiedlich ausdehnen, zusammengeschweißt. Bei Temperaturänderungen krümmt sich dieser Bimetall-Streifen, ein Vorgang, der über ein Hebelsystem mit Zeiger sichtbar gemacht wird.

Die eigene Wetterstation

Wenn Sie am Wettergeschehen interessiert sind, ist es gar nicht so schwierig, sich eine eigene kleine Wetterstation einzurichten. Das klingt großartiger, als es in Wirklichkeit ist. Vielleicht besitzen Sie ja schon das eine oder andere der besprochenen Geräte, so daß Sie sich die fehlenden nur dazukaufen müssen. Die meisten im Handel erhältlichen Barometer sind auf der Luftdruckskala mit Angaben wie „»schön«, »Regen«, »sonnig« und ähnlichem versehen. Diese Verbindung von Wetter und Luftdruck ist falsch und deshalb irreführend.

Was beim Kauf zu beachten ist

Im Handel werden kombinierte Geräte angeboten, die die drei Größen Druck, Feuchte und Temperatur messen. Achten Sie dabei auf folgende Punkte:

• Das Gehäuse sollte weiß oder silbrig sein, rostfrei und unempfindlich gegen Regen.
• Die Sichtblenden müssen gut gegen Feuchtigkeit abgedichtet sein, damit sie sich von innen nicht beschlagen.
• Die Instrumentenskalen müssen gut ablesbar sein.
• Neben dem Zeiger für die Meßwerte muß ein zweiter, von Hand einstellbarer vorhanden sein. Prüfen Sie außerdem die Qualität der Meßinstrumente:
• Druckanzeige. Wenn Sie zart gegen das Glas klopfen, darf sich der Zeiger nur leicht in eine Richtung bewegen. Zittert er hin und her, ist vom Kauf abzuraten.
• Feuchtefühler. Hauchen Sie gegen die Einlaßschlitze. Die Feuchtezunahme muß angezeigt werden.
• Temperaturfühler. Hier gibt es im allgemeinen keine großen Qualitätsunterschiede.

Thermohygrograph.

Wo die Wetterstation aufgestellt wird

Grundsätzlich sollte das Gerät an einem schattigen Platz aufgestellt werden, denn wenn die Sonne auf Ihre Wetterstation scheint, erhalten Sie unrealistisch hohe Lufttemperaturwerte. Die Anzeige der relativen Feuchte wird dagegen zu niedrigeren Werten verfälscht. Besitzen Sie einen eigenen Garten, sollte die Station möglichst weit vom Haus entfernt in Augenhöhe angebracht werden.

In einer Wohnung ist es schwieriger, den geeigneten Standort zu finden. Benutzen Sie den Balkon nur, wenn er im Schatten liegt. Auch sollte die Station nicht direkt an der Wand hängen, da auch hier die Wärmeabstrahlung die Werte verfälschen würde. Die meisten Geräte sind zwar dafür vorgesehen, doch gibt es entsprechende Halterungen für eine freie Aufhängung.

Sonnenscheinautograph.

Wie die Wetterstation benutzt wird

Bevor Sie Ihre Wetterstation in Betrieb nehmen, müssen Sie mit einer Stellschraube am Gerät den Luftdruck einstellen. Den aktuellen Wert erfahren Sie bei dem für Ihren Wohnort zuständigen Wetteramt. Weiterhin sollten Sie sich angewöhnen, die Meßinstrumente möglichst immer zur gleichen Zeit abzulesen. Erst dann sind Sie in der

Lage, die Werte von Tag zu Tag miteinander zu vergleichen. Dies ist notwendig, vor allem bei der Temperatur, die sich im Laufe eines Tages so beträchtlich ändern kann, daß nur dann ein vernünftiger Vergleich mit dem Vortag möglich ist, wenn Sie sie zu jeweils gleichen Tageszeiten abgelesen haben. Legen Sie ein Wettertagebuch an, in das Sie regelmäßig die Werte eintragen. Sie werden beobachten, daß das Wetter eines Jahres in ganz bestimmten Wellenbewegungen abläuft. Und wenn Sie diese Aufzeichnungen über Jahre hinweg fortführen, werden Sie erkennen, daß sich diese Wellenbewegungen mit unterschiedlicher Intensität in jedem Jahr wiederholen.

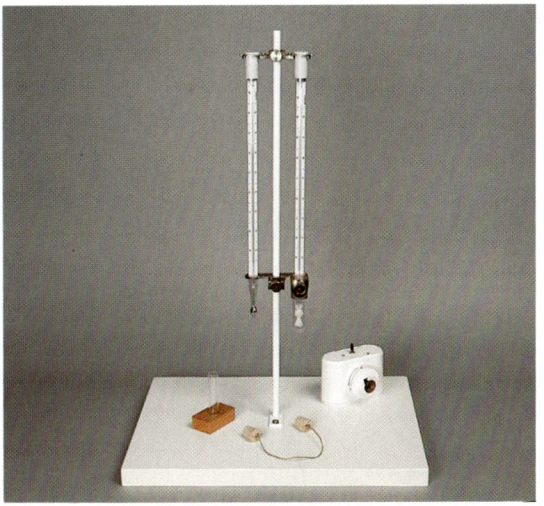
Aspirationspsychrometer.

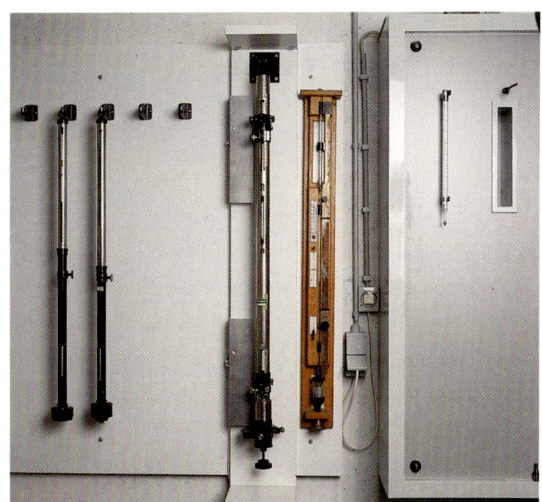
Barometer.

Radiosonde.

Zu den Bildern:
Geräte dieser Art, zum Teil
mit zungenbrecherischen
Namen, dienen heute den
Meteorologen zur Wetterbe-
stimmung. Diese hier stam-
men aus dem Wetteramt in
München, doch sie werden
sich nur unwesentlich von
denen in New York oder
Tokio unterscheiden.

Tip für die Wetterprognose:
Hoher Druck muß nicht unbedingt
sonniges Wetter bedeuten.

Bemerkung zur Wetterfühligkeit

»Es liegt was in der Luft«, unken diejenigen, denen bei einem sich anbahnenden Wetterwechsel das Reißen in die Glieder fährt. Weniger sensible Menschen weisen solche Voraussagen ins Reich des Aberglaubens und übersehen dabei, daß eine Änderung des Luftdrucks oder der Feuchtigkeit sehr wohl Einfluß auf Nerven und Allgemeinempfinden nehmen kann.

Natürlich umgibt den wetterfühligen Menschen nicht mehr die Aura des Magischen wie einst, obwohl er damals wahrscheinlich weniger Prophet als guter Beobachter gewesen sein mag. Denn auch Pflanzen und Tiere reagieren auf eine Änderung in der Atmosphäre. Blüten schließen sich, wenn Regen kommt, oder duften stärker, um noch so viele Insekten wie möglich anzulocken und befruchtet zu werden. Die Mücken tanzen dicht über dem Boden oder Wasser, was wiederum Schwalben zum Niedrigfliegen und Fische zum Springen animiert. Und wenn der Hahn in der Nacht kräht, soll schlechtes Wetter kommen, heißt es.

Wie das Wetter entsteht

Wetterforschung gibt es schon seit Jahrtausenden. Auf einem Tontäfelchen, das ein babylonischer Wetterfrosch vor 6000 Jahren in Keilschrift beschrieb, steht: »Wenn ein Sonnenring die Sonne umgibt, wird Regen fallen. Wenn eine Wolke am Himmel dunkelt, wird Wind blasen.«

Babylonische Wetterregeln (Tontäfelchen aus dem Britischen Museum in London).

Damals hielt man sich an Zeichen, heute weiß man, daß das Wetter von vier Größen abhängig ist, die sich gegenseitig beeinflussen. Die Sonne als Quelle von Licht und Leben bestimmt mit ihrer Strahlungsenergie den Zustand der Erde und ihrer Lufthülle. Die Erde sorgt durch ihre speziellen geometrischen und astronomischen Verhältnisse für die typischen Eigenschaften des Wetters und des Klimas. Ohne die Atmosphäre, das luftige Kleid, das die Erde umgibt, gäbe es keine Pflanzen und Tiere, keinen blauen Himmel, kein laues Sommerlüftchen, keine Wolken und keine feurigen Sonnenuntergänge. Dazu greift die Erdoberfläche mit ihren Bergen und Tälern, Ozeanen, Seen und Flüssen, Eiskappen und Wüsten auf das Wettergeschehen ein (→ Das Wetter – regional, Seite 90). Hinzu kommt die allgemeine Veranlagung der Natur, immer für Harmonie und Ausgleich zu sorgen, so daß ein ständiges Geben und Nehmen herrscht und kein Extrem die Oberhand gewinnen kann.

Der Motor Sonne

Ohne Sonne fände nichts statt auf dieser Erde. Mit ihrem Licht, ihrer Wärme und ihrer Kraft sorgt sie dafür, daß Pflanzen, Tiere und Menschen blühen, wachsen und gedeihen können. Ohne ihr Licht gäbe es keine Farben. Sie liefert die Energie, die alles am Leben hält. Jeden Tag unvorstellbare 4270 Billionen Kilowattstunden. Es würde 480 Jahre dauern, bis die Welt die Elektrizität aus einem Tag Sonnenenergie verbraucht hätte. Oder

Die Sonne – unser Lebensspender.

anders ausgedrückt: Alle drei Minuten schickt die Sonne den Weltstrombedarf eines Jahres zur Erde. Diese ungeheure Energiemenge prallt nun nicht direkt auf die Erdoberfläche, sondern durchquert erst die Atmosphäre. Dabei bleiben rund 35 % »auf der Strecke«. Die restliche Energie erreicht den Erdboden, der davon sofort wieder einen Teil an die Atmosphäre abgibt. Täte er das nicht, würde sich die Erdoberfläche pro Tag um 245 °C aufheizen, die Atmosphäre dagegen um 0,8 °C kälter werden.

Zum Glück für das Leben auf unserem Planeten sorgen zwei Prozesse für den Ausgleich (→ Temperaturänderungen, Seite 55).

• Wärmetransport
Durch Ausstrahlung der Energie entsteht fühlbare Wärme. Diese wird in die Atmosphäre transportiert, indem Luft sich am Erdboden aufheizt und, nach oben steigend, mit kälterer Luft vermischt.

• Verdunstung
Die Energie, die zum Verdunsten von Wasser notwendig ist, wird der Erdoberfläche entzogen. Bei der Kondensation des Wasserdampfes in den Wolken wird sie wieder frei.

Zum Bild:
Seit nunmehr 4 ½ Milliarden Jahren sendet uns die Sonne lebensspendende Energie, und nach bisherigen Erkenntnissen wird sie das auch noch weitere 4 Milliarden Jahre tun. Was uns die Natur umsonst gibt, sollten wir nicht mutwillig aufs Spiel setzen.

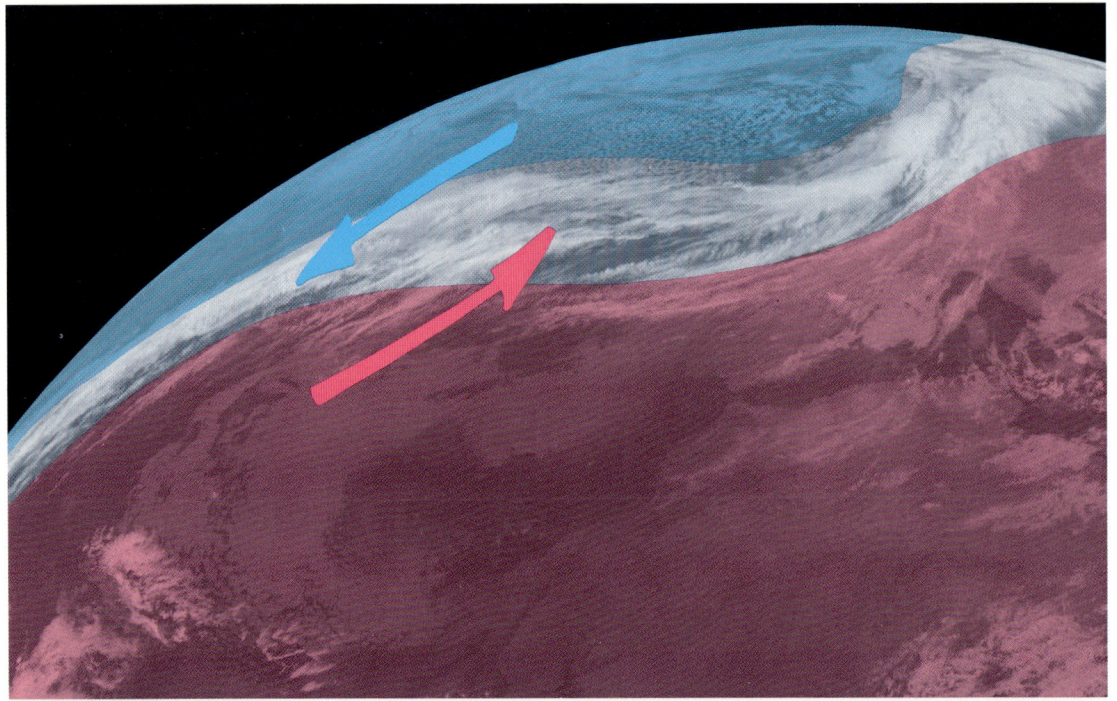

METEOSAT   1986 MONTH 3 DAY 23 TIME 0355 GMT (NORTH) CH. IR 1
            NOMINAL SCAN/RECTIFIED   AREA C12   COPYRIGHT- ESA -

Geburt und Jugend eines Tiefs: Das Wellenstadium.

Der besondere Planet Erde

Hätte unser Planet nicht ein paar besondere Eigenschaften und Merkmale aufzuweisen, wäre er am Wettergeschehen nicht weiter beteiligt. Doch schon in der Bibel steht am Ende jedes Schöpfungstages: »Und Gott sah, daß es gut war.« Wäre es nicht so, würde es auf unserer Welt öd und leer aussehen. Allerdings hat das wiederum weniger mit dem biblischen Bild von der Erschaffung der Erde zu tun.

Vier Faktoren unterscheiden sie von allen anderen Planeten dieses Sonnensystems:

● Stellung zur Sonne

Die Erde wandert in durchschnittlich 150 Millionen km Entfernung im Laufe eines Jahres auf einer fast kreisförmigen Bahn einmal um die Sonne. Selbst eine geringfügige Verschiebung dieser Stellung hätte ungeheure Klimaänderungen zur Folge. Ein um 10 Millionen km größerer Abstand würde zur völligen Vereisung der Erde führen. Bei entsprechend geringerem Abstand wäre die Atmosphäre verdampft.

● Umdrehung

Die Erde ist annähernd kugelförmig und dreht sich am Äquator in 24 Stunden mit einer Geschwindigkeit von etwa 1670 km/h von Westen nach Osten um ihre eigene Achse.

● Neigung der Achse

Die Lage der Erde im Raum ist nicht gerade, sondern gegenüber der Ebene, auf der sie um die Sonne wandert, um 23 ½° geneigt. Da sie diese Neigung beim Lauf um die Sonne beibehält, scheint die Sonne mal mehr auf die Nord-, mal mehr auf die Südhalbkugel. Die Folge sind die Jahreszeiten.

● Lufthülle

Ein fließendes Gemisch aus Gasen hüllt die Erde wie eine Decke ein. Die sogenannte Atmosphäre (griech.: *atmos* = Dampf und *sphaira* = Kugel) wiegt etwa 5300 Billionen Tonnen und wird von der Schwerkraft der Erde festgehalten.

Der Äquator ist also der Sonne am nächsten. Die Sonne steht dort fast immer senkrecht am Himmel, entsprechend kräftig ist ihre Strahlung. Tag und Nacht sind jeweils zwölf Stunden lang und das während des ganzen Jahres. Dieses

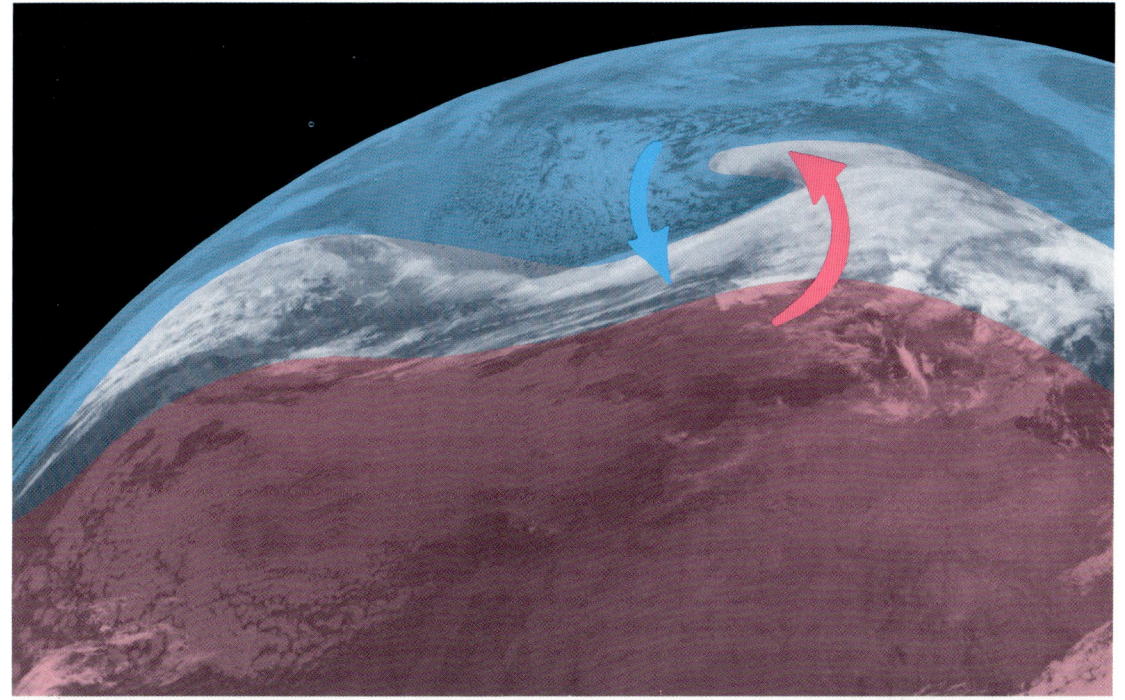

METEOSAT

1986 MONTH 3 DAY 24 TIME 0355 GMT (NORTH) CH. IR 1
NOMINAL SCAN/RECTIFIED   AREA C12   COPYRIGHT- ESA -

Reifezeit: Das Okklusionsstadium.

Gebiet, das etwa fünf Breitengrade nördlich und südlich des Äquators umfaßt, wird die tropische Zone genannt (→ Die Tropen, Seite 104).

Die Pole: Im Gegensatz dazu ändern sich an den beiden Polen die Verhältnisse im Laufe eines Jahres sehr stark. Es gibt nur einen Tag und eine Nacht, und diese dauern jeweils sechs Monate. Am Nordpol geht die Sonne am 21. März auf, erreicht am 21. Juni ihren Höchststand am Himmel und verschwindet erst wieder am 23. September hinter dem Horizont. Während hier nun die sechsmonatige Nordpolarnacht einsetzt, beginnt mit dem Aufgang der Sonne am Südpol dort der antarktische Sommer.

In der langen Polarnacht wird es eisig kalt. Diese Kälte kann auch der ständige Sonnenschein im Polarsommer nicht ganz beseitigen, da die Sonne nur wenig über den Horizont steigt und selbst am 21. Juni gerade so kräftig ist wie bei uns im Winter. Ewiges Eis prägt also das polare Klima (→ Schnee- und Eisklima, Seite 129).

Transportsysteme: Weil die Natur nun einmal bestrebt ist, immer wieder ein Gleichgewicht herzustellen, setzt sich der riesige Energie-

Zu den Bildern:
Tiefdruckgebiete (→ Seite 60) sind Entwicklungshelfer in Sachen Temperaturausgleich auf der Erde. Gäbe es sie nicht, würde es am Äquator immer nur heißer und in den Polgebieten unvorstellbar kalt werden.

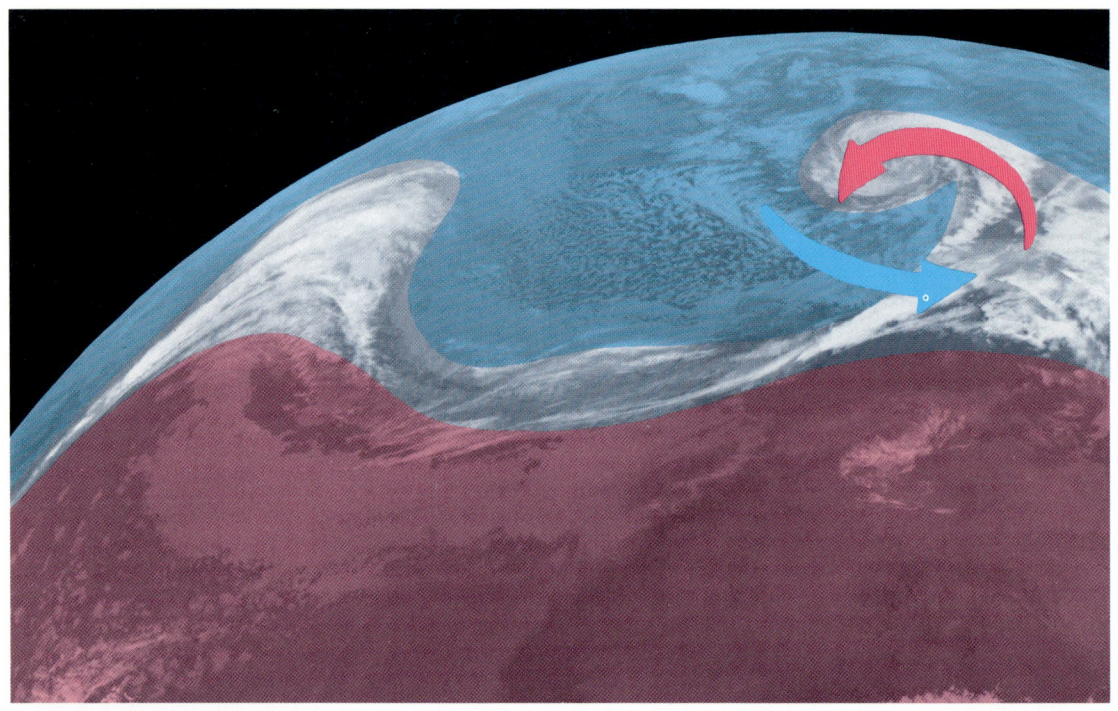

METEOSAT

1986 MONTH 3 DAY 24 TIME 1955 GMT (NORTH) CH. IR 1
NOMINAL SCAN/RECTIFIED   AREA C12   COPYRIGHT- ESA -

Das Tief beginnt zu altern.

überschuß am Äquator in Bewegung, um in den Polargebieten für Ausgleich zu sorgen (→ Die horizontalen Luftströmungen, Seite 56). Hinzu kommt die Schwerkraft, die die Luftmassen, die da von Süden nach Norden und von Norden nach Süden wandern, sozusagen zur Ordnung zwingt (→ Wo Wolken leben, Seite 23).
Wir haben es also mit zwei sich überlagernden Transportsystemen zu tun, die am Ende unser Wetter ergeben. Das vertikale System sorgt dafür, daß der ständige Überschuß an Energie von der Erdoberfläche in die Luft gelangt. Das horizontale gleicht den Unterschied an Energie zwischen Äquator und Polgebieten aus. Diese beiden Systeme arbeiten nun nicht getrennt voneinander, sondern sind über eine Vielzahl physikalischer Prozesse miteinander gekoppelt. Einige davon, die für das Zustandekommen von Wetter besonders markant sind, möchte ich Ihnen vorstellen.

Zum Bild:
Das Tief hat sein Ziel erreicht, warme Luft zum Pol transportiert und kalte zum Äquator. Vor allem im Winterhalbjahr, wenn die eisige Polarnacht herrscht, geht das nicht ohne heftige Stürme vor sich.

Die vertikale Schichtung

Dichte und dünne Luft

Unter dem Einfluß der Schwerkraft drückt die Luft mit etwa 1013 hPa auf den Boden (→ Der Luftdruck, Seite 44). Dort ist der Druck am größten, weil die gesamte Masse der Luft darauf lastet. Steigt man auf einen Berg, wird der Luftdruck sinken, da man ja einen Teil der Luftmasse unter sich läßt. Luft ist also über dem Erdboden dicht und wird mit zunehmender Höhe rasch dünner. Sie merken das schon, wenn Sie in einem Hochhaus mit dem Fahrstuhl schnell nach oben fahren und es auf Ihr Trommelfell drückt. In etwa 5500 m Höhe haben wir bereits die Hälfte der gesamten Atmosphärenmasse unter uns gelassen, das heißt, der Luftdruck beträgt nur noch 500 hPa. Nach weiteren 5500 m ist es nur mehr ein Viertel, das heißt in 11 000 m Höhe sinkt der Luftdruck auf 225 hPa.

Merksatz: Druck und Temperatur nehmen mit der Höhe ab.

Aber nicht nur der Druck der Luft nimmt mit zunehmender Höhe ab, sondern auch ihre Temperatur. Dies hängt damit zusammen, daß Luft sich ausdehnt, wenn sie unter geringerem Druck gerät, das heißt, sie wird dünner. Dieses Ausdehnen ist mit Arbeit verbunden, und das wiederum erfordert Energie. Weil sie dem Wärmevorrat der Luft entstammt, wird diese kälter. In unseren Breiten herrscht am Boden im Jahresmittel eine Temperatur von 15 °C, in rund 5500 m Höhe ist sie auf −20 °C gesunken. Sie nimmt also in der sogenannten Normalatmosphäre mit der Höhe um rund 0,65 °C pro 100 m ab. Abweichungen von diesen normalen Verhältnissen sind die Regel, da die ungleichmäßig ankommenden Sonnenstrahlen für unterschiedliche Erwärmung sorgen.

Temperaturänderungen

Diese Abweichungen von Normal- oder Durchschnittswerten halten das Wettergeschehen in Gang. Drei davon sind besonders wichtig.
• Temperaturänderung von trockener Luft
Wenn trockene Luft – wir nennen sie trocken, wenn ihre relative Feuchte unter 100 % bleibt (→ Seite 45) – am Erdboden aufgeheizt wird, dehnt sie sich aus. Dabei wird sie leichter als die Umgebungsluft und beginnt wie ein Heißluftballon in die Höhe zu steigen. Sie gerät nun unter geringen Druck und dehnt sich weiter aus. Die dafür nötige Energie nimmt sie aus dem Überschuß ihres am Erdboden gesammelten Energievorrats. Weil das relativ viel ist, kühlt sie um fast genau 1 °C pro 100 m ab, schneller also als die Umgebungsluft. In irgendeiner Höhe wird sie genauso kalt sein wie die Umgebung und dann nicht mehr weiter steigen.

Die am Erdboden aufgenommene Energie wurde so in Form von Wärme in die Atmosphäre transportiert. Diesen Prozeß nennt man deshalb Wärmekonvektion (= Mitführung).

Sinkt trockene Luft, erwärmt sie sich um dieselbe Menge, nämlich um 1 °C/100 m.
• Temperaturänderung von feuchter Luft
Für die Verdunstung von Wasser wird viel Energie verbraucht, für 1 l Wasser 0,7 kWh. Sie ist im Wasserdampf gebunden und wird in Höhe des Kondensationsniveaus wieder frei, nachdem sich eine Wolke gebildet hat (→ Wie Wolken entstehen, Seite 18). Jetzt hat sie sich in fühlbare Wärme verwandelt und heizt die Wolkenluft auf. Die vertikale Temperaturabnahme in der Wolke ist deshalb geringer als 1 °C/100 m, und zwar schwankt sie zwischen 0,2 °C bei viel Wasserdampf und 0,8 °C bei wenig Wasserdampf. Die Wolkenluft kann weiter in die Höhe steigen, erneut kondensieren und das immer so fort, bis der »Treibstoff« Wasserdampf verbraucht ist. Diesen Vorgang sehen wir in Gestalt von Quellwolken am Himmel (→ Seite 24).

Wenn Wolkenluft sinkt, dann erwärmt sie sich wieder. Da die Energie aber zunächst zum Verdunsten der Wolkentröpfchen verwendet wird, erwärmt sich Wolkenluft genauso langsam, wie sie sich beim Steigen abgekühlt hat.

Tip für die Wetterprognose: Starker und schneller Druckfall kündigt im Sommer Gewitter, im Winter Sturm an.

• Temperaturzunahme mit der Höhe oder Inversion
Wenn beim Aufsteigen der Luft aus einer Wolke viel Niederschlag gefallen ist, wird beim Sinken der Wolkenluft für die Verdunstung der restlichen Wolkentröpfchen auch weniger Energie gebraucht. Das bedeutet, daß die Luft wärmer und trockener in den Bereich zurückkehrt, aus dem sie

aufgestiegen ist. Der Unterschied ist umso größer, je mehr Niederschlag gefallen ist. Die Temperatur nimmt also in diesem Bereich mit der Höhe zu, das heißt, der normale Temperaturverlauf hat sich umgekehrt (lat.: *invertere*). Deshalb nennt man solche Schichten Temperaturinversion oder kurz Inversion.

Luft, die unterhalb dieser Schicht aufsteigt, ist fast immer kälter als die Luft der Inversionsschicht, somit auch schwerer. Sie stößt daran wie an eine Decke und zerfließt. Deshalb bezeichnet man Inversionen auch als Sperrschichten (→ Winter-hoch über Land, Seite 84).

Luftdruckänderungen

Die unterschiedliche Erwärmung wird also durch Luftbewegungen ausgeglichen. Dies spüren wir als Wind, sehen wir in der Veränderung der Wolken, können wir am steigenden oder fallenden Luftdruck ablesen.

Allerdings sind die Abweichungen vom Durch-schnittswert relativ gering, da die Schwerkraft sofort für Ausgleich sorgt (→ Wo Wolken leben, Seite 23). So steigt der Druck bei uns selten über 1040 hPa und sinkt nur bei sehr kräftigen Sturm-tiefs unter 980 hPa.

Drei Vorgänge sind dafür verantwortlich:

● Massenfluß

Aus einer über einem bestimmten Ort befindlichen Luftsäule wird Luft abgezogen. Geringere Masse bewirkt niedrigeren Luftdruck. Dafür wird an einem anderen Ort der Druck entsprechend der vergrößerten Masse steigen.

● Vertikalbewegung

Steigt Luft nach oben, bewegt sie sich also vom Boden weg, dann erleichtert sie diesen praktisch, weshalb der Druck abnimmt. Umgekehrt wird der Druck steigen, wenn Luft zu Boden sinkt, da sie durch ihre Abwärtsbewegung einen zusätzlichen Druck ausübt.

● Thermische Änderung

Wie dicht die Luft ist, hängt bei gleichem Druck von ihrer Temperatur ab. Kalte Luft ist dicht gepackt, weil sie sich sozusagen zusammenzieht. Doch je wärmer sie wird, desto mehr dehnt sie sich aus, das heißt, die Dichte wird geringer. Die Luft wird also dünner.

Ein bestimmtes Volumen kalter Luft ist somit schwerer als das gleichgroße Volumen warmer Luft, übt demnach einen höheren Druck aus. Wird warme Luft durch kalte ersetzt, steigt der Druck. Wird kalte Luft von warmer verdrängt, sinkt er (→ Der Lebenslauf eines Tiefs, Seite 60).

Bei gleichem Luftdruck am Boden nimmt der Druck in kalter Luft mit der Höhe schneller ab als in warmer. In einer bestimmten Höhe wird also der Luftdruck tief sein, wenn die Luft darunter kalt ist, und er wird hoch sein, wenn die Luft warm ist. Diese drei Vorgänge spielen sich in der Atmo-sphäre immer gleichzeitig ab. Manchmal addieren sie sich in ihren Wirkungen; dann sind die Luft-druckänderungen groß. Manchmal heben sie sich gegenseitig auf; dann ändert sich der Luftdruck entsprechend wenig. Entscheidend für das Wettergeschehen sind also die Änderungen und nicht die Höhe des Luftdrucks (→ Seite 44).

Tip für die Wetterprognose: Fällt im Sommer der Druck langsam aber stetig, kann dennoch oft sonniges und warmes Wetter herrschen. Steigt der Druck hingegen langsam und weht Nordwestwind, ist das Wetter vor allem in den Küstengebieten oft trüb und kühl.

Die horizontalen Luftströmungen

Während die tropische Zone im Energieüberfluß schwelgt, werden die Polgebiete von der Sonne sehr benachteiligt. Hier betätigt sich das globale Import-Export-Unternehmen Atmosphäre und bedient sich dabei zweier Transportsysteme, den Meeresströmungen und den Luftströmungen. Mit den Meeresströmungen, von denen der warme Golfstrom wohl am bekanntesten ist, möchte ich mich im Rahmen dieses Buchs nicht weiter beschäftigen. Sie hängen eng mit den Luftströmungen zusammen und ergänzen sich gegenseitig. Transportiert das Wasser sehr viel Energie, wird die Luftströmung schwach und umgekehrt. Es gibt Anzeichen, daß sich dieser Wechsel in einem siebenjährigen Zyklus vollzieht, wie wir ihn schon aus der Bibel von den sieben fetten und den sieben mageren Jahren kennen.

Austausch von warmer und kalter Luft

Der Energietransport zu den Polen ist in etwa mit einer Ofenheizung zu vergleichen. Über dem heißen Ofen steigt die erwärmte Luft zur Zimmer-decke, strömt zur gegenüberliegenden Wand, kühlt sich an den Fenstern ab, sinkt zu Boden und fließt wieder zum Ofen zurück. Auf unsere Erde übertragen würde also die warme Luft über dem

Tropischer Regenwald mit Wolkenschatten.

Flußmäander auf Neuguinea.

Äquator in die Höhe steigen, zu den Polen fließen, sich abkühlen und als kalte Luft am Erdboden wieder zum Äquator zurückströmen.

Da warme Luft leichter ist als kalte, steigende Luft am Boden zu Druckfall, sinkende zu Druckanstieg führt, herrscht am Äquator tiefer, an den Polen hoher Druck.

Glücklicherweise sieht es in der Wirklichkeit ganz anders aus, sonst würde die Luft am Boden ja ständig vom kalten Nordpol zum warmen Äquator strömen. Das heißt, wir hätten permanent kalten Nordwind, im Winterhalbjahr sogar in Orkanstärke, und die Temperatur käme selbst im Hochsommer kaum über 0 °C hinaus. So ist es aber nicht, und dies verdanken wir der Tatsache, daß sich die Erde einmal pro Tag um die eigene Achse dreht (→ Der besondere Planet Erde, Seite 52).

Äquatoriale Zirkulation

Durch die Krümmung der Erdoberfläche ist die Geschwindigkeit der Umdrehung am Äquator am größten, nämlich etwa 1670 km/h. (Da sich der Mensch mitdreht, bringt es im Vergleich dazu ein Münchner noch auf 1115 km/h, während ein Hamburger nur mehr 980 km/h zurücklegt.) Diese hohe Geschwindigkeit behält die warme Luft bei, wenn sie sich in 12–16 km Höhe zu den Polen in Bewegung setzt, und wird der Erdoberfläche umso mehr ostwärts vorauseilen, je weiter sie

Seenebel in der Arktis.

sich vom Äquator entfernt. Schließlich strömt sie genau nach Osten und erreicht die Pole nie. Wäre Luft sichtbar, könnte man folgendes sehen: Beim Blick vom Äquator aus nach Norden scheint sie nach rechts abgelenkt zu werden, beim Blick nach Süden nach links. In jeweils etwa 30 °N und S ist aus der polwärts fließenden Luft ein reiner Westwind geworden, der sich bandförmig rund um den Globus zieht. Inzwischen hat sich die Luft abgekühlt, sinkt zu Boden und fließt wieder zurück zum Äquator, wegen der scheinbaren Ablenkung auf der Nordhalbkugel aus Nordost, auf der Südhalbkugel aus Südost. Diese als Nordost- und Südostpassat bekannten Winde hatten wegen ihrer Beständigkeit große Bedeutung für die Segelschiffahrt.

Die Zone tiefen Drucks am Äquator mit steigender und damit wolkenreicher Luft (→ Die Tropen, Seite 104) wird im Norden und Süden durch zwei Gürtel hohen Drucks mit absinkender und deshalb wolkenarmer Luft begrenzt (→ Die Subtropen, Seite 110). In diesen beiden Gürteln liegen fast alle Wüstengebiete der Erde, zum Beispiel die Sahara.

Zum Bild:
Kühle Luft von Norden her sorgt im Sommer dafür, daß es in unseren gemäßigten Breiten nicht zu heiß wird. Hier betätigt sich die Atmosphäre als globales Import-Export-Unternehmen Temperatur.

Polare Zirkulation

An den beiden Polen wird die Luft wegen der schwachen Sonnenstrahlung immer kälter und damit schwerer. Sie sinkt zu Boden und fließt nach allen Seiten ab; im Nordpolargebiet also nach Süden, wobei sie bis etwa 60°N zu einem Ostwind wird.

Auf ihrem Weg nach Süden wird die Luft wieder erwärmt, steigt nach oben und fließt zurück zum Nordpol. Demnach finden wir auch im Polargebiet ein konstantes Zirkulationssystem, diesmal mit hohem Druck am Nordpol, der von einer Zone tiefen Drucks bei etwa 60°N begrenzt wird.

Da die Luft aber wesentlich kälter und damit auch schwerer ist als am Äquator, reicht sie im Winter nur bis in 6 km Höhe, im Sommer bis in 10 km.

Die Westwindzone

Wenn wir uns die Sache recht betrachten, ist die warme Luft vom Äquator noch immer nicht am Pol angelangt. Zwischen 30° und 60°N beziehungsweise S klafft ein Loch. Existiert da nun ein drittes Zirkulationssystem nach obigem Vorbild? Leider nicht, denn dazu müßte im warmen Süden (30°) die Luft in die Höhe steigen und im kalten Norden (60°) zu Boden sinken. Doch dort geht es genau umgekehrt zu.

Es geschieht etwas anderes. Im Süden reicht die warme dünne Luft in 12–16 km Höhe, während im Norden die gleiche Masse kalter dichter Luft es nur bis etwa 6–10 km schafft. Da in der Kaltluft der Druck mit der Höhe schneller abnimmt als in der Warmluft (→ Thermische Änderung, Seite 56), entsteht im Süden eine Art »Berg«, von dem die Luftteilchen nach Norden ins kalte »Tal rollen«. Die Luft hat sich also in Bewegung gesetzt, und wegen der scheinbaren Rechtsablenkung wird daraus ein reiner Westwind, der parallel zum »Berghang« weht. Deshalb nennt man den Bereich zwischen 30° und 60° Breite die Westwindzone. Je größer der Temperaturunterschied zwischen dem äquatorialen und dem polaren Bereich wird, desto höher wird die Druckdifferenz und entsprechend stärker bläst der Wind.

Entstehung von Tief und Hoch

Das geht nicht endlos so weiter. Was passieren wird, haben Sie sicher schon bei fließendem Wasser beobachtet. Zuerst strömt es träge dahin, aber je schneller es wird, desto öfter entstehen hinter jedem Hindernis Strudel und Wirbel.

Dies läßt sich auf die Westwindströmung übertragen. Mit zunehmender Geschwindigkeit wird sie turbulent, und es bilden sich riesige horizontale Wellen und Wirbel, die die Grundströmung des reinen Westwinds nun ständig ändern. Südwest- und Nordwestwinde wechseln einander ab, sobald eine Welle vorbeizieht. Bei richtiger Verwirbelung der Grundströmung treten auch Ostwinde auf.

Diese Wellen und Wirbel wirken wie gigantische Transportsysteme. Mit dem Südwestwind wird warme Luft aus der äquatorialen Zirkulation abgezogen und nach Norden transportiert, mit dem Nordwestwind wird kalte Luft aus dem Polargebiet nach Süden geschafft.

Trog und Keil

Mit der warmen Luft dehnt sich der äquatoriale »Berg« nach Norden aus; man bezeichnet das als Keil. Die kalte Luft schneidet »Täler« nach Süden; die nennt man dann Trog. So entsteht zwischen 30° und 60° Breite rund um den Globus ein sich ständig änderndes Gebilde von nach Süden ausgreifenden kalten »Tälern« und nach Norden gerichteten warmen »Bergrücken«.

Durch diesen horizontalen Transport von kalter Luft nach Süden und warmer Luft nach Norden wird es im Äquatorbereich kälter, im Polargebiet wärmer, das heißt, die Unterschiede werden ausgeglichen. Weil damit gleichzeitig aber auch die Westwindströmung bei uns schwächer wird, nimmt die Turbulenz oder Wellenbildung ab.

Nun kann es am Äquator wieder wärmer, am Pol kälter werden. Die Gegensätze vergrößern sich, und erneut verstärkt sich die Wellen- und Wirbelbildung, um für den Ausgleich zu sorgen.

Mit diesen ostwärts wandernden und sich ständig ändernden Trögen und Keilen sind am Boden Luftdruckänderungen verbunden (→ Seite 56). Dort, wo die warme Luft kalte verdrängt, wird der Druck am Boden fallen und ein Tief entstehen. Umgekehrt steigt der Druck in dem Gebiet, wo die Kaltluft vorankommt. Tief- und Hochdruckgebiete am Boden werden sich also dort bilden, wo kalte und warme Luft sehr eng beieinander liegen.

Das Tiefdruckgebiet

Wird im Wetterbericht ein Tiefdruckgebiet, kurz Tief genannt, angekündigt, rutscht die Stimmung der Nation unbewußt auf Halbmast. Verdrießlicher ist allenfalls noch die Absage einer Fußballübertragung. Ein Tief bedeutet schlechtes Wetter, Wolken, die die Sonne verdecken, Regen, Kälte, miese Laune. Doch sollten wir uns ins Gedächtnis graben, daß die Natur immer für Ausgleich und Harmonie sorgt. Das heißt, auf ein Tief folgt immer ein Hoch.

Der Lebenslauf eines Tiefs

Ein Tief entsteht, wenn warme und kalte Luftmassen auf engem Raum aufeinandertreffen. Sein Leben läßt sich von der Geburt bis zum Tod nicht chronologisch verfolgen, da die einzelnen Vorgänge nicht nacheinander, sondern nebeneinander ablaufen und sich dabei gegenseitig beeinflussen. Auch die zeitliche Reihenfolge ist unbestimmbar, wodurch eine exakte Beschreibung erst recht schwierig wird. Dennoch will ich es versuchen.

Geburt und Jugend: Das Wellenstadium

Für die Wettervorhersage ist es wichtig, von der Geburt eines Tiefdruckgebietes möglichst früh zu erfahren. Die ersten Informationen darüber liefern Satellitenbilder.

Sobald warme Luft sich auf den Weg nach Norden begibt, fängt sie an, kalte zu verdrängen. Dies gelingt ihr aber nicht so ohne weiteres, weil sie leichter ist. Sie wählt deswegen den Weg des geringsten Widerstandes und steigt so lange in die Höhe, bis sie über der kalten Luft dahingleitet. Dabei sind Wolken entstanden, die wir im Satellitenbild als gleichförmige Verdickung erkennen können. Wie hoch sie ziehen, sehen Sie an der weißen Farbe im IR-Bild (→ Satellitenbilder, Seite 17).

Da die warme Luft in der Höhe also schneller vorankommt als am Boden, verläuft die Grenze zwischen kalter Luft unten und warmer Luft darüber ganz leicht ansteigend. Die Steigung beträgt nur 1 %, das heißt, in 10 km Höhe ist die warme Luft bereits 1000 km weiter vorausgeeilt als am Boden. Auf Dauer hält die kalte Luft dem Ansturm der Warmluft nicht stand. Während diese allmählich immer weiter nach Norden vordringt, fällt am Boden der Luftdruck. Zunächst bedeutet das nichts anderes, als daß ein Gebiet entsteht mit tieferem Druck gegenüber der Umgebung. Doch nun setzt die Gegenbewegung ein (→ Luftdruckänderungen, Seite 56). Kalte Luft mit hohem Druck strömt zu diesem Tief hin, fließt jedoch wegen der scheinbaren Rechtsablenkung (→ Die horizontalen Luftströmungen, Seite 56) nicht direkt ins Zentrum, sondern entgegen dem Uhrzeigersinn um das Zentrum herum, also linksdrehend.

Merksatz: Um ein Tief strömt die Luft links herum. Diese Drehbewegung nennt man zyklonal.

Luft, die sich in horizontaler Richtung in Bewegung gesetzt hat, ist Wind. Somit weht westlich des

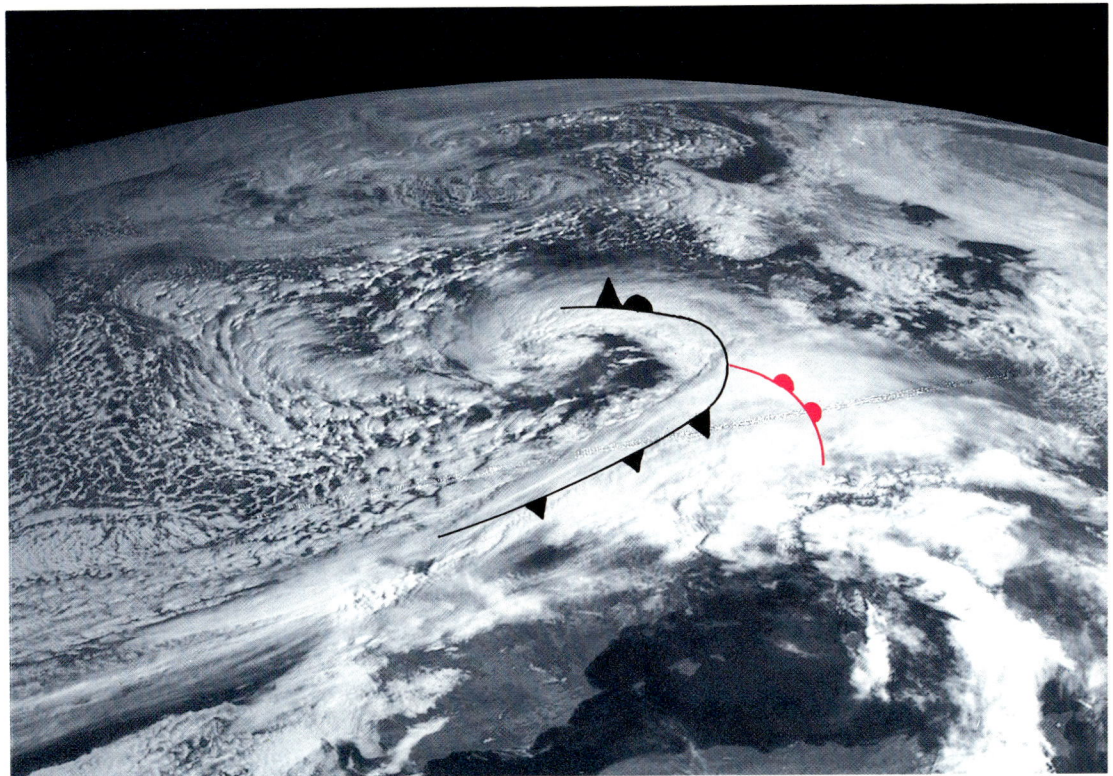

Die Lage der Warmfront (rot).

Tiefs ein Nordwind, der weiter kalte Luft aus dem Norden nach Süden transportiert. Und weil kalte Luft schwerer ist (→ Die vertikale Schichtung, Seite 55), hat sie keine Mühe, sich unter die Warmluft zu schieben und diese wegzuschubsen. Diesmal ist die Grenze zwischen kalter und warmer Luft stärker geneigt. Sie steigt um 5 % an, das heißt, am Boden kommt die Kaltluft nur 200 km eher an als in 10 km Höhe. Entsprechend schmaler ist das Wolkenband, das vom Vordringen der Kaltluft nach Süden kündet. Hier endet die Jugendzeit des Tiefs. Sie wird wegen der Wellenform der Wolkenbänder das Wellenstadium genannt (→ Satellitenbild, Seite 52).

Reifezeit: Das Okklusionsstadium
Nun beginnt für das Tief sozusagen der Ernst des Lebens. Allerdings hängt die weitere Entwicklung davon ab, wieviel Arbeit noch ansteht. Dies ist eine Frage des Energieüberschusses, und der ist umso höher, je größer der Temperaturunterschied zwischen der kalten und der warmen Luft ist. Hinzu kommt der Feuchtegehalt der Luft, der, wie wir wissen, als Treibstoff für die Wolken sehr

Zum Bild:
Das erste Anzeichen für die Entstehung eines Tiefs ist die Wolkenverdickung im Satellitenbild. Sie zeigt an, daß warme Luft in großer Höhe nach Norden strömt. Hohe Wolken erscheinen auf dem Satellitenbild sehr hell.

Folgende Doppelseite:
Die Luft wird feuchter, Kondensstreifen entstehen (→ Satellitenbild, Seite 65/1).

wichtig ist (→ Wie Wolken entstehen, Seite 18). Das bedeutet, daß der Energietransport bei sonst gleichen Temperaturunterschieden umso intensiver ist, je feuchter die Warmluft und je trockener die Kaltluft ist (Satellitenbild, Seite 53).

Tip für die Wetterprognose:
Druckfall und Cirrusschleier künden
wärmere Luft an.

Die Wolkenbildung ist im Bereich der Warmluft sehr mächtig und kompakt (→ Satellitenbild, Seite 61). Das deutet auf hohe Feuchte und großen Temperaturunterschied zur kalten Luft hin. Im Bereich der Kaltluft weist sie hingegen Wabenform auf. Es sind isolierte Quellwolken, die entstehen, weil Kaltluft auf ihrem Weg nach Süden über immer wärmeren Untergrund gelangt und dabei wie Wasser auf der Herdplatte von unten her aufgeheizt wird. Und so wie im Wasser einzelne Blasen, steigen nun hie und da einzelne Wolken auf.

Am Boden wird indessen das Tief intensiver, weil der Druck ziemlich kräftig fällt. Es wirken nämlich die drei Prozesse, die für Druckfall verantwortlich sind (→ Luftdruckänderungen, Seite 56), zusammen und verstärken sich. Das sind:

• Aufsteigende Luftbewegung
• Ersetzen von kalter durch warme Luft
• Massenabfluß

Die aufsteigende Luftbewegung wird durch den breiten Wolkenschirm direkt sichtbar. Darunter fällt der Druck großräumig.

Das Ersetzen von kalter durch warme Luft ist im Bereich der Warmfront am stärksten. Also auch hier Druckfall unter dem großen Wolkenschirm. Massenabfluß findet in der Höhe statt, weil hier hoher Druck herrscht. Hoher Druck bedeutet aber, daß die Luft nach allen Seiten abfließt. Durch die Erdrotation von West nach Ost wird sie nach rechts abgelenkt und strömt im Uhrzeigersinn aus dem Hoch heraus. Dieser Massenabfluß in der Höhe führt zu weiterem Druckfall am Boden.

Merksatz: Um ein Hoch strömt die Luft
rechts herum. Diese Drehbewegung nennt
man antizyklonal.

Im Bereich der Kaltluft geschieht indessen mehr oder weniger das Gegenteil. Hier steigt der Druck am Boden, da sich kalte Luft unter warme schiebt und dabei zu Boden sinkt. Die warme Luft, die von der kalten nach oben gedrückt wird, widersetzt sich der Vertreibung. Es kommt zu einem engen Nebeneinander von auf- und absteigender Luft, sogenannten Turbulenzen. Das macht sich auch beim Wind bemerkbar, der jetzt böig ist.

Dieser hohe Druck am Boden zieht mit der Kaltluft mit und ist an einem Ort nur vorübergehend. Deshalb heißen diese Hochdruckgebiete Zwischenhoch.

In der Höhe herrschen gerade umgekehrte Verhältnisse. Da die Druckabnahme mit der Höhe in kalter Luft ja größer ist als in warmer, befindet sich über der kalten Luft tiefer Druck, über der warmen Luft hoher Druck (→ Dichte und dünne Luft, Seite 55). Je größer der Temperaturunterschied, desto größer ist auch der Unterschied zwischen dem tiefen und dem hohen Druck in der Höhe. Vom »warmen Berg« wird die Luft also verstärkt auf zyklonaler Bahn, das heißt linksherum, in das »kalte Tal« fließen.

Die warme Luft wird nun in die Zange genommen. Einerseits weicht die kalte Luft im Norden nur langsam, andererseits kommt die Kaltluft um das Tief herum aus Südwesten immer näher. Zunächst schneidet sie der Warmluft den Nachschub aus Süden ab, danach quetscht sie den Rest ein und vertreibt sie am Boden. Zuletzt hat sich die um das Tief herumgeströmte kalte Luft im Norden wieder eingeholt. Da die warme Luft quasi eingeschlossen ist (lat.: *occludere*), wird dieser Lebensabschnitt des Tiefs Okklusionsstadium genannt (→ Satellitenbild, Seite 53).

Die Warmluft hat keine andere Wahl, als in die Höhe auszuweichen, und strömt dort nun linksherum in das Höhentief über der Kaltluft, was in den spiralförmigen Wolkenbändern zu erkennen ist (→ Satellitenbild, Seite 69).

Tod des Tiefs (→ Satellitenbild, Seite 54).
Nun beginnt das Sterben. Die kalte Luft füllt am Boden das Tief immer mehr auf. Der Druck steigt. Da gleichzeitig die warme Luft in der Höhe spiralförmig in das Tief einfließt, steigt auch dort der Druck. Damit wird das Tief sowohl am Boden als auch in der Höhe immer schwächer. Die Luft dreht sich noch vom eigenen Schwung getrieben im Kreise, bis die Energie verbraucht ist.

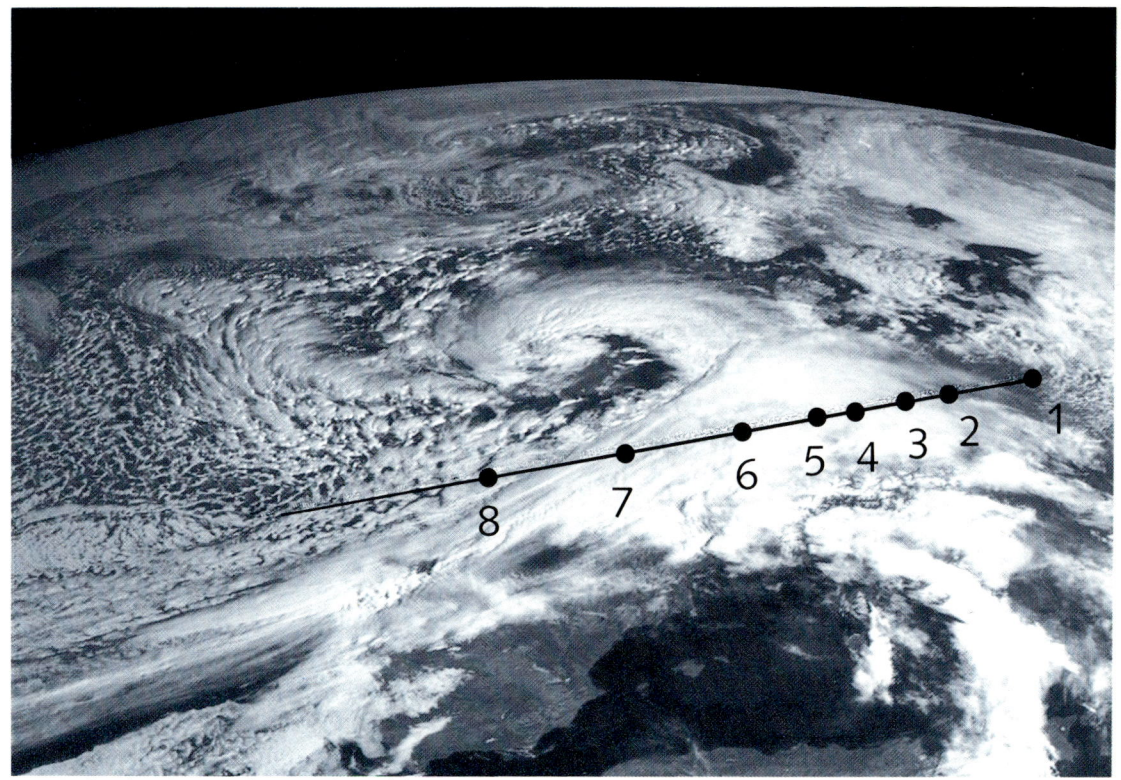

Ein Tief zieht über uns hinweg (→ Bilder 1–8, Seite 62, 63, 66, 67, 68).

Tip für die Wetterprognose: Druckanstieg bei Nordostwind kündet im Sommer in den Küstengebieten sonniges Wetter an, im Süden dagegen Regenschauer und Gewitter.

Ein Tief aus unserem Blickwinkel

Der Erdenbürger mit seinem begrenzten Gesichtsfeld kann immer nur einen sehr kleinen Bereich des gesamten Wettergeschehens in einem solchen Tief wahrnehmen. Um die Zusammenhänge besser zu verstehen, wollen wir vom Erdboden zuschauen, wie ein Tief über uns hinwegzieht. Das Satellitenbild oben zeigt aus dem Lebenslauf eines Tiefs den vollentwickelten Wolkenwirbel. Im Wetterbericht könnte der Text etwa so lauten: »Ein Tief bei den britischen Inseln wird bis morgen abend Deutschland sehr rasch ostwärts überqueren.«

Zum Bild:
Auf dem Satellitenbild sind sehr deutlich die verschiedenen Wolkenbildungen zu erkennen, die mit einem Tief einherziehen. Von der Erde gesehen, nimmt sich das natürlich ganz anders aus. Die Zahlen entsprechen den Bildern auf den vorhergehenden und folgenden Seiten.

Cirrostratus (Satellitenbild Seite 65/2).

Beginnender Altostratus (Satelliten

Der Warmsektor des Tiefs kommt (Satellitenbild Seite 65/5).

Warmsektor (Satellitenbild Seite

Das Tief wandert also von links nach rechts, und wir als Beobachter am Erdboden wollen ihm gedanklich folgen. Die Zahlen im Satellitenbild sollen die Zuordnung der Wolkenbilder erleichtern.

Warmlufttransport

Stellen wir uns einen herrlichen, wolkenlosen Tag vor. Erste Anzeichen, daß sich das Wetter ändern wird, geben dünne weiße Wolken in großer Höhe, die Cirren. Sie künden vom Heranziehen wärmerer und feuchter Luft. Der Warmlufttransport hat also eingesetzt. Die Flugzeuge, die noch vor einer Stunde lediglich als kleine glitzernde Objekte vor dem tiefblauen Himmel zu sehen waren, ziehen plötzlich weiße Fahnen hinter sich her, die

Kondensstreifen (→ Seite 35). Langsam breiten sie sich aus und sind nach einiger Zeit von einer natürlichen Cirruswolke nicht mehr zu unterscheiden. Immer mehr Cirren erscheinen und überziehen den Himmel allmählich mit einem weißen Schleier. Noch ist die Sonne zu sehen, jedoch mit einem diffusen Rand. Das Barometer (→ Seite 44) zeigt an, daß der Druck zu fallen beginnt. Das Weiß der Wolken geht allmählich in helles Grau über, die Sonne ist nur noch schemenhaft zu erkennen. Schon kurze Zeit später sucht man sie vergebens. Der Himmel ist jetzt mit einer grauen, einförmigen Wolkenschicht überzogen, und die Untergrenze der Wolken ist wesentlich tiefer gesunken.

Id Seite 65/3).

Beginnender Nimbostratus (Satellitenbild Seite 65/4).

5/6).

Die Kaltfront kündigt sich an (Satellitenbild Seite 65/7).

Auf dem Barometer sehen wir, daß der Luftdruck schneller fällt. Der Südwestwind wird kräftiger, wobei wir spüren, daß die Luft wärmer wird. Plötzlich fallen die ersten Regentropfen. Noch sind sie klein und nicht sehr zahlreich. Doch schon bald regnet es stärker, der Luftdruck sinkt jetzt sehr rasch, und der Südwestwind bläst heftig, aber gleichmäßig. Trotzdem wird der kräftige Regen als angenehm empfunden, denn die Luft wird immer wärmer. Indessen ist die graue Wolkendecke dunkler geworden und so tief gesunken, daß sie zum Greifen nahe scheint. Die Tropfen werden kleiner, und das Barometer zeigt, daß der Luftdruck kaum noch fällt. Der Wind läßt nach, und in der feuchten Luft kann man kaum mehr als einen

Zu den Bildern:
Beim Vorüberziehen eines Tiefs verläuft das Wetter im Idealfall in drei Abschnitten. Zunächst bringt die Warmfront wärmere Luft mit Regen, worauf vorübergehend freundliches warmes Wetter herrscht. Sobald das Tief weiter nach Osten zieht, folgt die Kaltfront mit Regenschauern, böigen Winden und Abkühlung.

Die Kaltfront zieht vorüber (Satellitenbild Seite 65/8).

Kilometer weit sehen. Wolkenuntergrenze und Horizont gehen in einem konturlosen Grau ineinander über.

Plötzlich zeigt sich in diesem Grau am westlichen Horizont ein heller Streifen, der rasch größer wird. Die Warmluft ist jetzt auch am Boden angekommen. Wie von Zauberhand verschwinden die grauen Regenwolken im Osten. Gleichzeitig dreht der Wind von Südwest auf West. Die Sonne scheint von einem hellblauen Himmel, vor dem kleine weiße Wolken in unterschiedlichen Höhen friedlich ziehen.

Tip für die Wetterprognose: Sobald im Bereich der Warmfront wärmere und feuchtere Luft in großer Höhe heranzieht, wird das an den Kondensstreifen hinter den Flugzeugen sichtbar.

Kaltlufttransport

Doch das freundliche und warme Wetter ist trügerisch. Im Westen braut sich hinter dem Horizont bereits allerlei zusammen. Und schon nach ein paar Stunden tauchen Wolkentürme auf. Der Wind wird stärker und dreht allmählich von West auf Südwest zurück. Der Luftdruck fällt, die kalte Luft, die um das Tief herum nach Süden strömte, hat uns erreicht. Rasch kommen die Wolkentürme näher und durchlaufen vom strahlenden Weiß bis zum drohenden Dunkelgrau alle Farbschattierungen. Der Wind schläft ein; es wird beängstigend ruhig. Plötzlich zucken Blitze über den Himmel, gefolgt von Donnergrollen. Eine Windbö fegt über uns hinweg, und kurze Zeit später öffnen sich die Wolkenschleusen. Regen prasselt hernieder, große Tropfen zerplatzen beim Aufprall auf den Boden. Innerhalb weniger Minuten haben sich kleine Seen gebildet, sind Bäche entstanden. Der Wind reißt an den Fensterläden. Es ist dunkel geworden. In dem fahlen Licht, das die schwankenden Lichtmasten in der Dunkelheit verbreiten, erscheinen die fallenden Regentropfen wie ein wallender Vorhang.

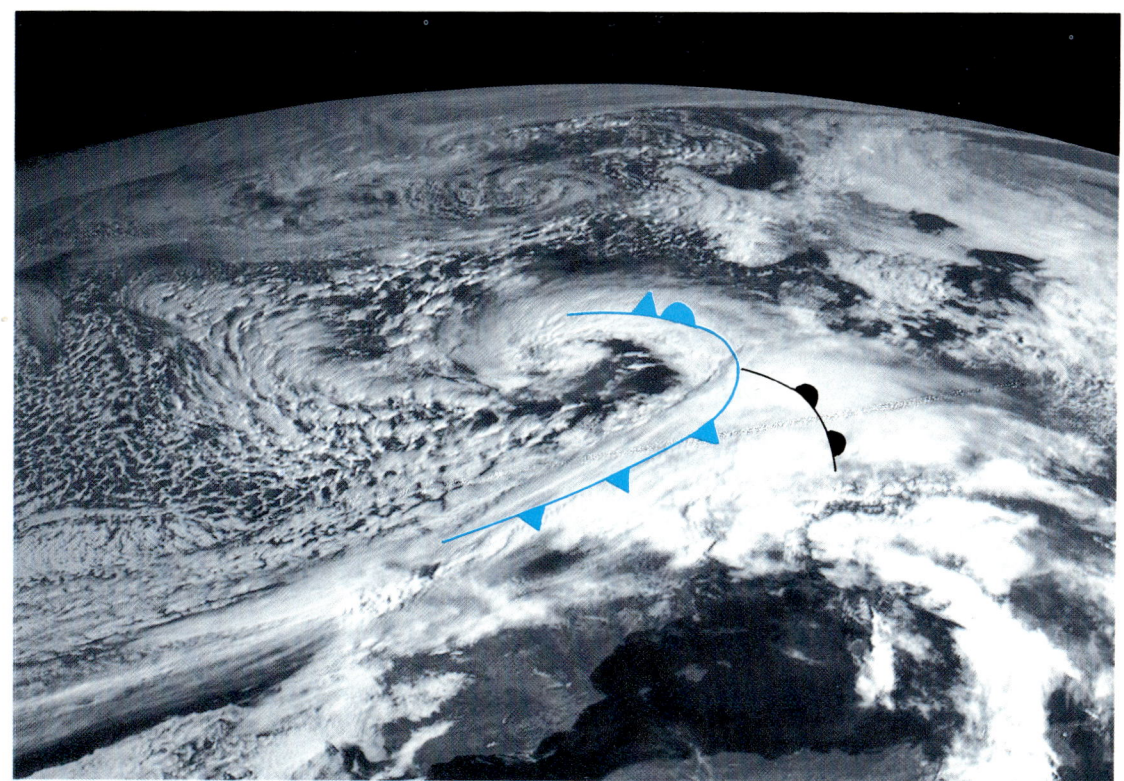

Lage der Kaltfront (blau).

Zwischenhoch

Der Sturm wechselt ständig Richtung und Geschwindigkeit, pendelt sich aber allmählich auf Nordwest ein. Für kurze Zeit beruhigt sich das Wetter. Wieder ist der Himmel tiefblau und wolkenlos, die Sonne scheint, doch ist es empfindlich kalt geworden. Allerdings dauert das nicht lange. Schon ziehen die nächsten Wolkentürme heran. Jetzt steigt der Luftdruck zwar, doch das Wetter beruhigt sich vorerst nicht. Ständig wechselt Sonnenschein mit kräftigen Regenschauern. Der unangenehm böige Nordwestwind bringt immer kältere Luft mit. Noch einmal scheint die Welt unterzugehen. Hagelkörner stürzen aus den dunklen Gewitterwolken. Innerhalb weniger Minuten kann auf den Feldern die Arbeit einer ganzen Saison vernichtet sein.

Plötzlich kehrt Ruhe ein, so als habe das Wetter ein Einsehen. Der Luftdruck steigt sehr schnell, und friedlich wachsen vor dem tiefblauen Himmel weiße Blumenkohl-Wolken. Der Wind verliert seine Aggressivität; er bleibt zunächst noch böig, wird aber allmählich schwächer. Das Tief hat sich Richtung Osten verabschiedet.

Zu den Bildern:
Das Vordringen der Kaltluft nach Süden zeigt sich in der wabenförmigen Struktur der Bewölkung. Sie ist sowohl aus der Sicht des Erdenbürgers (Bild Seite 68) als auch vom Satelliten aus (Bild oben) deutlich zu erkennen.

Cirrostratus geschichtet und in Bändern.

Cirrus und Cirrocumulus.

Cirrostratus in Schollen, Bändern und Streifen.

Cirrocumulus oder Schäfchenwolk

Altostratus in Wellenbewegung.

Cirrostratus mit beginnendem A

Cirrostratus wellenförmig und geschichtet.

Altostratus in Auflösung.

...atus.

Zu den Bildern:
Gesichter einer Warmfront.
Sie kann in den verschieden-
sten Formationen vorüber-
ziehen, aber immer sind es
hohe und/oder mittelhohe
Wolken.

Altocumulus castellanus.

Im Winter fällt statt Regen und Hagel Schnee und Graupel. Doch sonst unterscheiden sich die Erscheinungen beim Vorbeizug eines Tiefs nur in der Intensität von dem eben geschilderten Fall.

Tip für die Wetterprognose: Druckanstieg bei Nordostwind leitet im Winter eine Kälteperiode ein.

Entfernung vom Tief
Wie nun das Wetter jeweils bei gleichem Tief an verschiedenen Orten abläuft, hängt von der räumlichen Entfernung vom Tiefzentrum ab. Unser Beobachter-Standpunkt wird von der eingezeichneten Linie auf dem Satellitenbild markiert (→ Seite 65). Wie Sie sehen, werden südlich von dieser Linie die Wolken kleiner und dünner. Dort wird der geschilderte Wetterablauf weniger intensiv sein. Nördlich dieser Linie sind die Wolkenfelder hingegen sehr umfangreich und die einzelnen Wolken größer. Der Warmsektor wird schmaler, das heißt, das freundliche Wetter zwischen Warmluft-

regen und Kaltluftschauern immer kürzer. Noch weiter nördlich ist überhaupt kein Warmsektor mehr zu erkennen. Hier geht der Regen, der mit dem Heranziehen der Warmluft verbunden ist, sofort in die Schauer und Gewitter der Kaltluft über, das ist der Bereich der Okklusion (→ Seite 61).

Die verschiedenen Gesichter der Tiefs

Ein Tiefdruckgebiet durchläuft während seines Lebens immer die gleichen Entwicklungsstufen. Aber so wie kein Mensch dem anderen gleicht, hat auch jedes Tief ein anderes Aussehen. Je nachdem, wieviel Energie zwischen Nord und Süd ausgetauscht werden muß, sind die Tiefs größer oder kleiner, stärker oder schwächer, sterben sehr schnell oder führen ein langes Leben. Da sie an den unterschiedlichsten Orten entstehen, erreichen sie uns mal im »Babyalter«, mal in »der Blüte des Lebens« oder im »Greisenalter«. Und weil es in der Atmosphäre keine vorgeschriebenen

Cirrostratus mit Halo.

Straßen gibt, auf denen die Tiefs wandern müssen, ziehen sie auf völlig verschiedenen Wegen über uns hinweg. Geschwindigkeitsbeschränkungen existieren ebenfalls nicht, so daß die Tiefs sich mal langsam, mal sehr schnell vorwärtsbewegen.

Daraus ergibt sich eine unendliche Vielfalt der Wolkenformationen, die mit dem Vorbeiziehen eines Tiefs einhergehen. Sich mit ihnen vertraut zu machen ist einer der Schritte, die Sie in der eigenen Wettervorhersage weiterbringen.

Merksätze: Ein Tief, das über uns hinwegzieht, bringt zunächst Warmluft, später Kaltluft.
Je größer der Temperaturunterschied zwischen den Luftmassen, desto intensiver die Wettererscheinungen.

Zu den Bildern:
Wolken kündigen sehr häufig Wetterveränderungen an, die sich bei uns erst nach Stunden, manchmal sogar erst nach Tagen bemerkbar machen. Die Burgzinnen des Altocumulus lassen Gewitter erwarten, der Cirrostratus, der durch den Halo besonders deutlich zu sehen ist, sagt eine Warmfront voraus, die Regen bringt.

Cumulus mit dünnem Altostratus.

Cumulus in verschiedenen Entwic

Das Auf und Ab der Cumuluswolken, von unten gesehen.

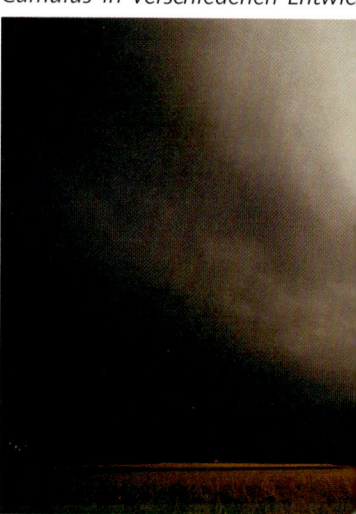

Cumulonimbus mit kräftigen Rege

Zerfallener Cumulonimbus.

Eine Kaltfront zieht ab.

ungsstadien.

Cumulus mit Regenschauern.

schauern.

Herannahende Gewitterfront.

Zu den Bildern:
Gesichter einer Kaltfront.
Durch das Auf und Ab der
Luft bei einer Kaltfront
entstehen Quellwolken,
deren Vielfalt noch wesent-
lich größer ist als bei einer
Warmfront. Je dunkler die
Wolkenuntergrenze, desto
heftiger der Niederschlag.

Das Hochdruckgebiet

Ein Hochdruckgebiet, kurz Hoch genannt, wird von der Mehrzahl der Bevölkerung ersehnt und mit ruhigem und meist sonnigem Wetter gleichgesetzt. Vom »Temperament« her ist es beständig, abgeklärt und zu wenig Änderungen geneigt. Im Sommer ist ein Hoch der Garant für volle Biergärten und ausverkaufte Badekleidung. Doch kann ein Hoch auch wochenlang für trübes Wetter sorgen, währenddessen Sie die Sonne überhaupt nicht zu Gesicht bekommen.

Der Aufbau eines Hochs

Zunächst einmal ist ein Hoch nichts anderes als ein Gebiet, in dem hoher Luftdruck herrscht. Trifft das in der Höhe ein, muß die Atmosphäre darunter warm sein (→ Luftdruckänderungen, Seite 56). Man nennt deshalb solche Hochdruckgebiete warme Hochs.

Wir wissen, daß Luft vom hohen zum tiefen Druck fließt, wegen der scheinbaren Rechtsablenkung jedoch nicht auf direktem Wege (→ Die horizontalen Luftströmungen, Seite 56). Während sie nun über den Erdboden strömt, reibt sie sich an der Oberfläche und verliert dadurch einen Teil ihrer Geschwindigkeit. Je mehr die Luft durch die Reibung gebremst wird, desto stärker strebt sie dem tiefen Druck zu, so wie die Roulettekugel nach innen zu den Zahlenfeldern rollt, wenn sie langsam wird. Durch diese Wirkung der Reibung wird das Hoch in den bodennahen Schichten regelrecht ausgepumpt. Die Luft fließt am Boden nach allen Seiten ab und kann nur durch sinkende Luft aus höheren Schichten ersetzt werden. Eine Abwärtsbewegung der Luft führt aber zu einer Erwärmung und damit zu Wolkenauflösung und Abnahme der relativen Feuchte (→ Die vertikale Schichtung, Seite 55). Das bedeutet, daß die im Hoch vorhandene warme Luft aus der äquatorialen Zirkulation (→ Seite 57) noch wärmer wird, wodurch sich das Hoch sozusagen selbst am Leben erhält.

> *Experten-Rat: Wenn im Wetterbericht Zufuhr von warmer Subtropikluft angekündigt wird, können Sie davon ausgehen, daß das Hoch stabil bleibt.*

Ein Hoch und kein Sonnenschein

Ein und dasselbe Hoch kann sich über verschiedene Gebiete erstrecken und dort gleichzeitig für strahlenden Sonnenschein und trüben Himmel sorgen. Schuld daran ist eine Besonderheit in der Luftschichtung, die sich nur bei einem Hochdruckgebiet einstellt. Bewirkt wird sie durch die Inversion, das heißt die Zunahme der Temperatur mit der Höhe (→ Temperaturänderungen, Seite 55), eine Umkehr des Normalfalls, in dem die Temperatur mit der Höhe abnimmt.

Da warme und damit dünne Luft eine geringe Druckabnahme mit der Höhe zur Folge hat (→ Dichte und dünne Luft, Seite 55), wird der Druck somit in allen Schichten höher sein als in der Umgebung. Deswegen hat die Luft auch die

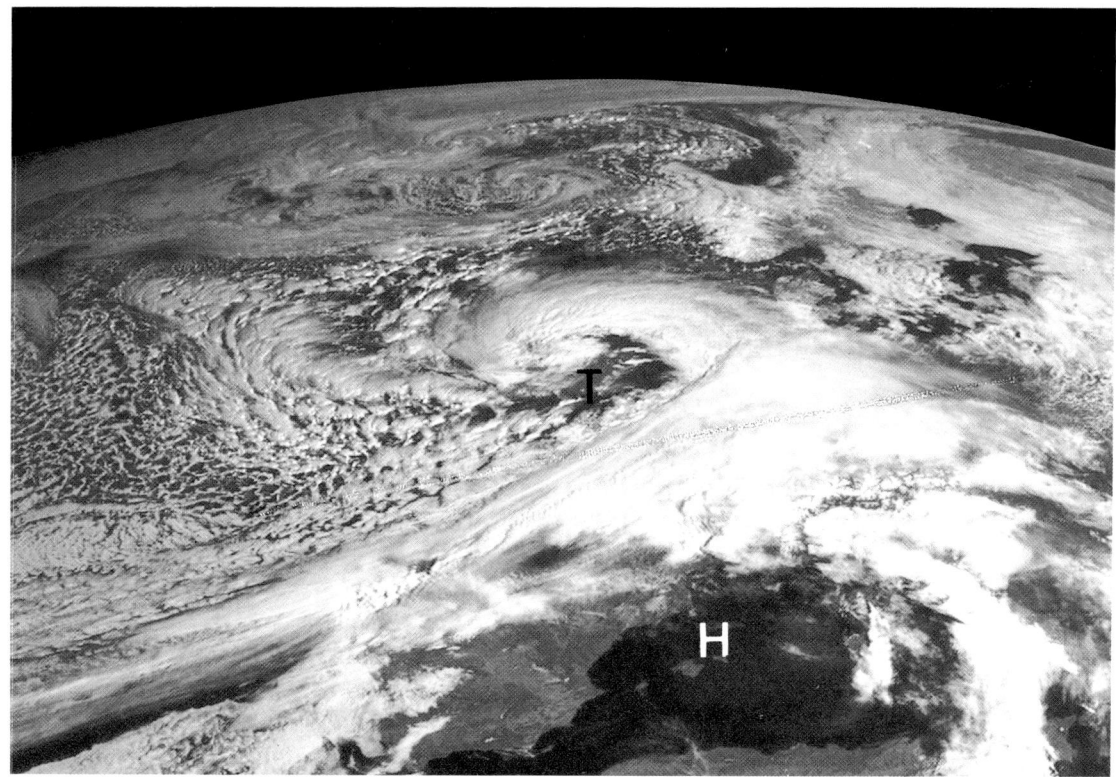

Die Lage des Hochdruckgebiets.

Tendenz, in allen Höhenschichten aus dem Hoch herauszufließen. Wie ein Berg, der hier zu steileren, da zu flacheren Hängen neigt, überwiegt einmal die Absinkbewegung, dann wieder das Auseinanderfließen. Dies führt zu mehreren übereinanderliegenden Inversionsschichten unterschiedlicher Stärke.

Absinkinversion

Sie entsteht, wenn sich das Hoch durch die Reibung auspumpt und mit sinkender Luft aus höheren Schichten wieder aufgefüllt wird. Je nach Jahreszeit und Temperaturverhältnissen liegt diese Inversion zwischen 500 und 2000 m Höhe. Eine zweite, meist schwächere Inversion findet man häufig in einer Höhe von 3–4 km.

Boden- oder Strahlungsinversion

Sie hat ihren Ursprung in der Energieabstrahlung der Erdoberfläche. Je trockener die Luft ist, desto mehr Wärme wird über Nacht dem Erdboden entzogen (→ Temperaturänderungen, Seite 55). In gleichem Maße kühlt auch die darüberliegende Luft ab, doch reicht die Schicht selbst in den

Zum Bild:
Wie eine riesige Turbine saugt das Tief Luft aus der Umgebung am Boden an und katapultiert sie in die Höhe. Der Nachschub wird aus dem Hoch bezogen. Ohne Hoch kann also ein Tief nicht existieren.

langen Winternächten kaum über 300 m Höhe hinaus. Kaum ist die Luft kälter und damit schwerer geworden, will sie zu Boden sinken. Somit nimmt die Temperatur durch diese Schicht mit der Höhe zu, was eine Inversion direkt am Erdboden zur Folge hat. Da die Luft durch Absinken von oben her wärmer, durch Ausstrahlung aber von unten her kälter wird, verstärken sich diese beiden Vorgänge in ihren Wirkungen: Die Temperaturzunahme mit der Höhe wird größer.

Merksatz: Ein Hochdruckgebiet ist charakterisiert durch absinkende Luftbewegung mit der Tendenz zur Wolkenauflösung und Erwärmung der Luft. Unterschiedlich starke Absinkbewegung führt zu mehreren übereinander liegenden Inversionen.

Sommerhoch über Land

Inversionen erschweren das Aufsteigen der Luft und wirken somit als Sperrschichten (→ Seite 56). In einem Hoch wird also die Temperatur der Erdoberfläche ganz wesentlich die Eigenschaften der Luftschicht unterhalb der Inversion prägen und damit auch das Wetter. Über festem Land sind die Temperaturunterschiede sowohl zwischen Sommer und Winter als auch zwischen Tag und Nacht sehr ausgeprägt. Über See hingegen sind sie wesentlich geringer, da sich das Wasser nur langsam erwärmt, währenddessen aber viel Energie in seinen tieferen Schichten speichert und diese wiederum nur ganz allmählich an die Luft abgibt.

Nur in den Sommermonaten bringt ein Hoch über dem Festland das ersehnte sonnige Wetter. Das hat hauptsächlich zwei Gründe:

• Der Boden wird tagsüber von der sehr kräftig und lange scheinenden Sonne aufgeheizt und kann sich in den kurzen Nächten kaum abkühlen.

• Die Luft kann wegen ihrer hohen Temperatur sehr viel Wasserdampf aufnehmen (→ Wie Wolken entstehen, Seite 18).

Es gibt deshalb keine Bodeninversion. Die nächtliche Abkühlung bewirkt allenfalls, daß die Temperatur bis maximal 400 m Höhe gleich bleibt, das heißt weder ab noch zunimmt. Man nennt das Isothermie. Deshalb findet man im Sommer die Temperaturzunahme mit der Höhe erst im Bereich der Absinkinversion (→ Seite 77).

Sobald die Sonne aufgeht, erwärmt sie den Boden, und Konvektion setzt ein (→ Seite 55). Sie wird erst an der Absinkinversion gestoppt, es sei denn, die Luft kommt so aufgeheizt, daß sie nach dem Aufsteigen immer noch wärmer ist als die Luft an der Obergrenze der Inversion. Dann kann sie die Sperrwirkung überwinden und weiterklettern. Feuchteabgabe an die Luft findet vom Boden aus kaum statt, da dieser im Sommer meist ausgetrocknet ist. Nur Seen und Flüsse liefern Nachschub. So reicht die mit dem Aufsteigen der bodennahen Luft verbundene Abkühlung häufig nicht zur Sättigung aus, und es bleibt den ganzen Tag über wolkenlos.

Das Charakteristische eines Sommerhochs ist der bodennahe Dunst. Ursache dafür sind feinste Staubpartikel, die tagsüber mit der aufgeheizten Luft in die Höhe getragen werden und nachts wieder zu Boden sinken. Verschwindet am Morgen noch der Horizont im Dunst, bessert sich zwar im Laufe des Tages die Sicht am Boden, wird dafür aber auf den Bergen, die noch unterhalb der Inversion liegen, schlechter.

Schönwetterwolken

Sie entstehen, wenn durch die Verdunstung von Wasser, sei es auch noch so gering, die bodennahe Luftschicht allmählich feuchter wird, bei sonst gleichen Wetterverhältnissen tagsüber aufsteigt und irgendwann gesättigt ist, das heißt, das Kondensationsniveau erreicht (→ Sättigung der Luft, Seite 22). An einem solchen Tag wird das Wetter im allgemeinen etwa so ablaufen: Über dem leicht dunstigen Horizont geht der goldene Sonnenball auf. Noch ist der Morgen kühl, doch bereits in den ersten Vormittagsstunden wird

Zum Bild:
Bewölkung im Sommerhoch. Durch starke und langanhaltende Sonneneinstrahlung wird der Erdboden erhitzt. Die Luft darüber steigt auf und kondensiert zu solchen Cumuluswolken.

Stratocumulus mit einzelnen Cumulus.

es schnell warm. Gegen zehn Uhr erscheint aus dem Nichts ein kleiner nebelhaft wirkender Fleck am Himmel. Er verschwindet nach kurzer Zeit, taucht jedoch plötzlich an gleicher Stelle wieder auf. Für eine Weile verharrt er ohne erkennbare Veränderung, um sich dann wie durch Zauberei in eine weiße Wolke zu verwandeln.

Tip für die Wetterprognose: Wenn die Sonne als goldene Scheibe aufgeht, bleibt es tagsüber schön.

Als ob jemand einen Startschuß gegeben hätte, entstehen in der Umgebung weitere kleine Wolken, die alle ähnlich aussehen. Friedlich stehen sie am Himmel, ohne sich zu vermehren oder wachsen zu wollen. Am Nachmittag werden sie allmählich kleiner, und gegen siebzehn Uhr ist der Himmel wieder wolkenlos.

Ende einer Schönwetterperiode

Auch wenn sich ein solches Hoch durch Beständigkeit auszeichnet, haucht es irgendwann sein Leben aus. Den häufigsten Grund bilden verstärkte Wellen und Wirbel in der Westwindströmung (→ Seite 59). Entscheidend ist dabei ihre Anzahl: Je mehr es sind, desto schneller ziehen sie nach Osten. Das Ende einer Schönwetterperiode bei uns wird also irgendwo auf der Nordhalbkugel eingeleitet. Obwohl noch keine Anzeichen auf eine Wetteränderung hindeuten, können wir Meteorologen schon sagen, daß das ruhige Hochdruckwetter in einigen Tagen zu Ende geht. Wann, läßt sich an verschiedenen Hinweisen ablesen. Da die Absinkbewegungen in der Höhe immer schwächer werden, fällt der Druck erst gleichmäßig, dann zunehmend schneller, das Himmelsblau wird heller und Cirrus- oder Cirrocumulus-Felder ziehen vorüber. In der Folge nehmen die Inversionen in den tieferen Regionen und damit ihre Sperrwirkung ab. So können die Schönwettercumuli leichter weiterwachsen. Zunächst sehen sie noch recht formlos aus, entwickeln sich aber dann zu blumenkohlähnlichen Wolkentürmen mit scharfen Umrissen. So gegen dreizehn Uhr scheinen sie an eine unsichtbare Decke zu stoßen, nämlich an die noch vorhandene Inversion in 3–5 km Höhe. Sie wachsen nicht mehr weiter, die runden Kuppeln werden flacher, breiten sich seitwärts aus und fallen teilweise auch in sich zusammen. Wolken, die in der Nachbarschaft erneut nach oben ausbeulen, erleiden das gleiche Schicksal. Mittlerweile behindern sich die Wolkentürme gegenseitig, da durch ihre Schatten die weitere Erwärmung des Bodens und damit der Treibstoffnachschub ausbleibt. Allmählich fallen sie in sich zusammen und lösen sich auf. Allerhöchstens kleine Reste halten sich noch in Höhe der Inversion. Den Sonnenuntergang können wir jedenfalls bei wolkenlosem Himmel genießen.

»Abendrot: Schlechtwetterbot«

Dieser Sonnenuntergang sieht jedoch anders aus als an den Vortagen. Am Horizont ist der Himmel nicht mehr gelblich, sondern rötlich gefärbt. Diese Rotfärbung wird durch den hohen Wasserdampfgehalt der Luft im Westen verursacht.

Bei Sonnenuntergang wird das Licht auf seinem weiten Weg durch die untersten Luftschichten an Staubpartikeln und Wasserdampfmolekülen gestreut. Dabei filtern die Staubpartikel besonders stark die »gelben« Lichtwellen heraus, während die Wasserdampfmoleküle es auf die »roten« abgesehen haben.

Ein roter Sonnenuntergang kündigt also feuchte Luft an. Für die Wolken wird demnach »Treibstoff« geliefert, indessen nimmt die Sperrwirkung der Inversion stetig ab, und beides zusammen bewirkt,

Zu den Bildern:
Das Gesicht eines Hochs im Sommer wird durch flache Quellwolken bestimmt (Bild, Seite 80). Durch zunehmende Feuchte oder Überhitzung kann es zu Gewittern kommen.
Kühlt im Herbst der Boden ab, sind morgendliche Nebel die Folge.

Sommerliches Wärmegewitter im Anzug.

Folgende
Doppelseite:
Inversion im Winter. Wie mit dem Lineal gezogen verläuft die Grenze zwischen Dreck und Dunst in den Niederungen und klarer, trockener Luft in der Höhe.

Sonnenaufgang mit Herbstnebel.

daß am Ende einer Schönwetterperiode sich oft explosionsartig Wolken entwickeln.

Am nächsten Morgen spüren und sehen wir, daß sich im Laufe des Tages einiges ereignen wird. Die Nacht war wegen der zunehmenden Feuchte unangenehm schwül. Der Himmel erscheint blaßblau, der verschwommen im Dunst erkennbare Horizont kommt immer klarer zum Vorschein. Dies deutet auf verstärkt aufsteigende Luft hin, die den ganzen Staub mit in die Höhe nimmt.

Die ersten Wolken sind schon kurz nach neun Uhr zu sehen. Zunächst noch diffus und mit unscharfer Untergrenze wachsen sie sehr rasch und erreichen schon mittags die Höhe der Wolkentürme vom Vortag. Der einzelne Turm ist breiter und leuchtet auch nicht strahlend weiß, sondern ist mit grauen Bereichen durchsetzt. Noch drängen sich die Wolkenmassen in 3–5 km Höhe unterhalb der Inversion. Doch ist sie kein großes Hindernis mehr, denn schon leuchtet über dem Grau eine Kuppe weiß auf. Die Barriere ist überwunden, und nun quellen die Wolken empor in Höhen von 9–13 km. Dabei ändert sich allmählich das Aussehen. Die vorher scharfen Wolkenumrisse verschwinden und werden faserig. Die Kuppe fließt wie eine Wasserwelle nach allen Seiten auseinander, so daß die Wolke aus der Ferne wie ein überdimensionaler Amboß aussieht. Ein Cumulonimbus ist entstanden (→ Seite 34).

Tip für die Wetterprognose: Die immer klarer werdende Luft bei einer Schönwetterperiode bedeutet, daß sich eine Wetteränderung anbahnt.

Falls sich die Wolken mit Regenschauer oder sogar Hagelschlag austoben, stehen der Entwicklung des Wetters in den nächsten Tagen zwei Möglichkeiten offen. Entweder sind es nur kurze Störungen, was vor allem in den Monaten Juni und Juli der Fall sein kann. Dann wird sich der Keil (→ Seite 59) der Westwindströmung nach zwei bis drei Tagen unbeständigen Wetters erneut verstärken, die Absinkbewegungen werden zu-, die Wolken abnehmen, und Druckanstieg zeigt, daß ein neues Hoch die nächste Schönwetterperiode einleitet. Oder es kommt zu einer vollständigen Umstellung der Wetterlage. Der Keil zieht ostwärts, und von Westen bestimmt ein Trog (→ Seite 59) das Wetter. So werden nach einem sonnigen und

warmen Sommer häufig die sogenannten »Hundstage« Mitte August beendet, und Tiefdruckgebiete leiten in den Herbst über.

Der Sommer geht – der Winter kommt

Wenn die Tage kürzer und die Nächte länger werden, ändert sich das Wetter kontinuierlich. Durch die schwächere Sonneneinstrahlung wird der Wärmeverlust immer größer, vor allem nachts. Dies hat zur Folge:

- Die Bodeninversion wird kräftiger und damit die Sperrwirkung.
- Die maximale Wasserdampfaufnahme der Luft wird geringer.

Die Auswirkungen auf das Wetter addieren sich nun. Die kälter und damit schwerer werdende Luft sammelt sich in allen Bodenmulden, wo es von unten her meist feucht ist. Und so reichen nächtliche Abkühlung und Feuchtezufuhr aus, daß in Tälern und feuchten Niederungen die Luft gesättigt wird und Kondensation einsetzt (→ Seite 23). Die ersten Nächte mit Tau oder Nebel treten auf. Noch ist die Sonnenstrahlung aber so stark, daß Tau und Nebel im Laufe des Vormittags verdunstet werden. Die einsetzende Konvektion (→ Seite 55) transportiert die Feuchte in die Höhe, doch reicht die Energie nicht mehr aus, die Inversionen zu durchbrechen. Wird beim Aufsteigen und der damit verbundenen Abkühlung wieder Sättigung erreicht, dann gibt es Stratocumulus, also Schönwetterwolken. Wenn nicht, bleibt es wolkenlos.

Je weiter jedoch der Herbst voranschreitet, desto kälter wird die Luft. Immer häufiger gibt es nachts Nebel, und immer mehr Mühe hat tagsüber die Sonne, diese Nebel wieder aufzulösen.

Winterhoch über Land

Kältere Luft wird auch schwerer. Es steigt also der Druck. Im Sommerhoch sind es selten mehr als 1030 hPa, im Winterhoch hingegen häufig 1040 hPa und darüber. Hinzu kommt, daß die Luft bei der Abkühlung dichter wird und über dem Boden immer mehr schrumpft. Reichte die Luftschicht im Sommer bis über 500 m Höhe, ist sie im Winter nur noch 300 m dick. Weil die aus der Höhe absinkende Luft tiefer fällt, kommt die Absinkinversion (→ Seite 77) dem Erdboden mit kletternden Temperaturen näher.

Die Bodeninversion und die Absinkinversion

Nebelsuppe.

Flacher Bodennebel.

Morgennebel.

Nebel löst sich auf.

darüber verstärken also gegenseitig ihre Sperr-
wirkungen. Während vom Boden her die Luft
immer mehr Abkühlung erfährt, dichter wird und
schrumpft, erwärmt sich die sinkende Luft an der
Obergrenze der Inversion immer stärker. So ist
eine Temperaturzunahme mit der Höhe um 10 °C
im Winter keine Seltenheit, hat jedoch zur Folge,
daß die wärmere und deshalb leichtere Luft in der
Höhe die kalte Luft am Boden wie mit einem
Deckel verschließt.
Diese bodennahe Kaltluft wird durch die minimale
Sonnenstrahlung im Winter kaum erwärmt, so
daß auch tagsüber keine Konvektion stattfindet.
Feuchte und Staub bleiben so in Bodennähe
gefangen. Statt Sonnenschein beschert uns das

Zu den Bildern:
Nebel ist nichts anderes als
eine Wolke am Erdboden.
Für den Autofahrer ist es
besonders tückisch, wenn er
unvorbereitet in eine Nebel-
bank hineinfährt.

Winterhoch tage- und sogar wochenlang trübes Nebelwetter in den Niederungen.

Smogalarm

Eine Erscheinung, die bei einer solchen winterlichen Inversionslage in industriellen Ballungsgebieten entsteht, führt uns drastisch vor Augen, was wir inzwischen dieser dünnen, unser Leben schützenden Lufthaut alles zumuten. Es ist die durch den Menschen verursachte Luftverschmutzung, die sich dann dramatisch bemerkbar macht: SMOG, eine Wortschöpfung aus den englischen Wörtern »Smoke« (Rauch) und »Fog« (Nebel). Die Ursachen dem Wetter anzulasten, wie es auch heute immer noch geschieht, ist Augenwischerei. Die bodennahe Luft wird mit Schadstoffen unserer Industriegesellschaft angereichert. Da kein Weitertransport in höhere Luftschichten erfolgen kann, steigt die Konzentration immer weiter. Augen werden gereizt und beginnen zu tränen, das Atmen fällt schwer, und Krankenhäuser erleben den Ansturm von Menschen mit Kreislauf- und Herzbeschwerden. So eine Hochdrucklage mit schönem Wetter gleichzusetzen ist natürlich absurd.

Kann der Smogalarm endlich aufgehoben werden, weil ein Tief dem Hoch den Garaus gemacht hat, geht ein Aufatmen durch die Bevölkerung. Nur sollten wir uns darüber klar sein, daß die Schadstoffe nicht verschwunden sind, sondern lediglich durch den Wind verwirbelt und in andere Gebiete verfrachtet wurden. Das Sterben der Wälder und das Versauern der Seen in sogenannten Reinluftgebieten legen beredtes Zeugnis von diesen Schadstofftransporten ab.

Winterhoch mit extrem trockener Luft.

Experten-Rat: Wenn Smog herrscht, sollten Sie alles vermeiden, was zur Erhöhung der Abgasbestandteile in der Luft beiträgt. Fahren Sie zum Beispiel nur mit öffentlichen Verkehrsmitteln.

Klare Sicht im Gebirge

Oberhalb der Sperrschicht herrscht dagegen völlig anderes Wetter. Die Luft ist trocken, weshalb der Himmel ein besonders kräftiges Blau zeigt. Wer bei einer solchen winterlichen Hochdrucklage eine Bergwanderung unternimmt, spürt beim Bergansteigen zunächst nur, wie es wärmer wird. Noch ist es neblig trüb. Doch schon innerhalb weniger Meter tut sich ein tiefblauer Himmel auf, von dem eine gleißend helle Sonne strahlt. Die Sicht reicht oft mehrere 100 km weit.

Klirrende Kälte trotz Sonnenschein

Doch auch den Bewohnern in den Niederungen kann ein winterliches Hoch sonniges Wetter bescheren. Allerdings geht der Sonnenschein mit klirrender Kälte einher. Wir wissen ja, daß die Luft mit sinkender Temperatur immer weniger Wasserdampf aufnehmen kann. Weht nun der Wind aus dem schneebedeckten und sehr kalten Osteuropa, dann ist die Feuchtigkeit so gering, daß sich kein Nebel mehr bildet.

Verstärkt wird die Wirkung der eiskalten Luft, wenn bei uns der Boden schneebedeckt ist.

Schnee hat nämlich die Eigenschaft, die Sonnenstrahlen zu reflektieren. So können sie den
Erdboden nicht erwärmen, der Schnee bleibt kalt
und schützt sich sozusagen davor, von der Sonne
geschmolzen zu werden. Dazu verliert er nachts
noch an Wärme, so daß er immer kälter wird. Bei
der klirrenden Kälte fällt die sowieso schon geringe
Feuchte als feine Eisnadeln aus, wodurch die Luft
noch trockener wird.

So eine winterliche Hochdrucklage läßt die
Temperatur in rekordverdächtige Tiefen stürzen
und den Luftdruck auf selten erlebte Höhen
steigen. Im Nordosten Sibiriens ist das im Winter
der Normalfall. Das Barometer verweilt wochenlang bei 1080 hPa und der Kälterekord war –67 °C!

Zum Bild:
Kommt bei einem Winter-
hoch die Luft aus dem
Osten, kann sie so trocken
sein, daß sich kein Nebel
bildet. Doch ohne schüt-
zende Wolkendecke wird es
klirrend kalt.

Hoch über See

In Hochdruckgebieten über See zeigt das Wetter zwischen Sommer und Winter keine großen Unterschiede. Wegen der Wasserdampfzufuhr von der Meeresoberfläche gibt es immer viele Wolken. Lediglich die Art der Bewölkung variiert mit den Jahreszeiten. Der Grund liegt in der unterschiedlichen Erwärmung von Land und Wasser.

> *Merksatz: Wenn im Winter die Sonnen-einstrahlung schwächer wird, bleibt das Wasser wärmer als das Land, da es sich aus der in der Tiefe gespeicherten Energie aufheizen kann.*

Das Land erwärmt sich im Frühjahr und Sommer mit zunehmender Sonneneinstrahlung sehr rasch, kühlt jedoch im Herbst und Winter, wenn die Strahlung schwächer wird, genauso schnell wieder ab. Die Meeresgebiete dagegen stellen riesige Energiespeicher dar. Im Frühjahr und Sommer nimmt das Wasser die wachsende Sonnenenergie auf und transportiert sie durch die ständige Wellenbewegung und Turbulenz in tiefere, kältere Schichten. Dadurch erwärmt sich das Wasser an der Oberfläche nur ganz allmählich und erreicht erst Mitte August seine höchste Temperatur. Aber selbst dann ist es kälter als das Land. So werden Nord- und Ostsee kaum wärmer als 21 °C. Wird die Sonnenstrahlung im Herbst und Winter hingegen schwächer, heizt sich das Wasser mit der in der Tiefe gespeicherten Energie auf. So bleibt es wärmer als das Land. Selbst Mitte Februar, wenn das Wasser am kältesten ist, hat es meist noch eine Temperatur von 1–3 °C. Nur in extrem kalten Wintern kann es vorkommen, daß die Ostsee als relativ kleines Meer zufriert. Diese Speicherwirkung des Wassers können Sie selbst beobachten. Binnenseen frieren immer vom Ufer aus zu. Dort hat das flache Wasser seine Wärme bald abgegeben, zudem sorgt die Berührung mit dem kalten Land dafür, daß die Temperatur da zuerst unter den Gefrierpunkt sinkt.

Im Sommerhalbjahr ist die Luft über der Meeres-oberfläche meist wärmer. Wenn sie abkühlt, bilden sich im Frühjahr und Frühsommer ausgedehnte Nebel- oder Stratusfelder. Im Hochsommer hat sich das Wasser so angewärmt, daß stärkere Konvektion stattfindet und an die Stelle von Stratus- eine flache Cumulusbewölkung tritt. Im Winterhalbjahr ist die Luft zwar kälter als das Wasser. Doch nur im Herbst reicht es noch zu etwas Konvektion, die zu Stratocumulus-Bewölkung führt. Im Winter ist die Luft so kalt, daß die Feuchtezufuhr sofort zur Sättigung ausreicht und wieder Stratus- und Nebelfelder entstehen.

Die starke Bewölkung über See macht sich aber auch bei uns über Land bemerkbar. Nehmen wir an, ein Hoch liegt westlich von uns mit Zentrum über Frankreich. Bei uns weht ein Nordwestwind. Im Winter würde die feuchte Luft über dem kalten Land abkühlen. Dann dringen Nebel und Stratus über Norddeutschland und durch die Täler der Mittelgebirge bis zu den Alpen vor, die Berge ragen wie Inseln aus dem Wolken-meer heraus. Da die Feuchtezufuhr von der relativ warmen Nordsee nicht nachläßt, kann aus dem Stratus anhaltender Nieselregen fallen. Selbst im Frühsommer reicht die Erwärmung des Landes häufig noch nicht aus, die Wolken aufzulösen. Immerhin schafft es die Konvektion, daß die bodennahe Luft etwas angewärmt wird. Die Untergrenze der Wolkenschicht steigt an, und der Stratus geht in Stratocumulus über.

Erst wenn das Hoch von Frankreich über uns hinweg nach Osten zieht, dreht der Wind auf östliche und später südliche Richtungen. Trocke-nere Luft kommt zu uns, und die vielleicht schon wochenlang anhaltende trübe Wetterlage in den Niederungen geht innerhalb eines Tages zu Ende.

Zum Bild:
Sommerliche Bewölkung über See. Die gleichmäßige Wassertemperatur und höhere Feuchte sorgen für viele Wolken. Im Winter legt sich eine dichte Nebeldecke über das Wasser.

Das Wetter – regional

»Wenn der Hahn kräht auf dem Mist,
ändert sich's Wetter – oder bleibt, wie's ist. «
Wer hat sich nicht schon grollend dieses Spruches
erinnert, wenn es, entgegen den Vorhersagen,
wieder einmal ganz anders vom Himmel herunter-
gekommen war. Aber vielleicht ist Ihnen inzwischen klar geworden, daß wir beruflichen Wetter-
frösche nur die Rahmenmacher sind für das
regionale Bild, das das Wetter dann von sich
zeichnet. Im TV-Wetterbericht liefern wir anhand
der vorherrschenden Hoch- und Tiefdruckgebiete
sozusagen den »Entwurf«; die Ausarbeitung, die
den jeweiligen Zuschauer anderen Tages dazu
bringt, den Regenschirm mitzunehmen beziehungsweise zuhause stehen zu lassen, ist Spezia-
listenarbeit. Und der Spezialist ist die Landschaft.
Die nämlich macht sich ihr Wetter selbst.
Tatsächlich wirkt sich nicht nur jede Erhebung, sei
es ein kleiner Hügel oder ein riesiges Bergmassiv,
auf das Wettergeschehen aus, sondern auch
Wälder und Wiesen, Getreidefelder und Gemüse-
kulturen, Autobahnen und Städte, Seen und
Flüsse, ja selbst heller und dunkler, feuchter und
trockener Boden.
Wie sich das im einzelnen bemerkbar macht,
möchte ich Ihnen an zwei Beispielen erklären. Hier
ist die Form der Landschaft so charakteristisch,
daß Sie die Zusammenhänge rasch begreifen.
Sicher werden Sie dann auch bald in der Lage sein,
für Ihre eigene unmittelbare Umgebung »wetter-
mäßig« die richtigen Schlüsse zu ziehen.
Für den Autofahrer ist es beispielsweise lebens-
wichtig, frühzeitig zu erkennen, ob es Nebel auf
den Straßen geben kann. Wie gesagt, da spielt die
jeweilige Landschaft ihre ganz eigene Rolle.

Land-Seewind

Da Wasser- und Landflächen auf die Sonneneinstrahlung unterschiedlich reagieren (→ Hoch über
See, Seite 88), führt das bei einer sommerlichen
Hochdrucklage an unseren Küsten zu einem eigen-
ständigen, sehr wetterwirksamen Windsystem.

Seewind
Angenommen, bei Sonnenaufgang ist der
Himmel wolkenlos und die Lufttemperatur über
dem Wasser und Land gleich. Nun erhebt sich die
Sonne und heizt den Boden auf. Dadurch wird die
Luft darüber erwärmt, dehnt sich aus und beginnt
in die Höhe zu steigen. Als Ersatz strömt die Luft
über dem relativ kalten Wasser landeinwärts; dies
ist als Seewind zu spüren. Inzwischen baut sich in
der Höhe über dem Land der Massenzufluß an
Luft wieder ab, indem sie zum Wasser fließt und
das Defizit auffüllt, das durch die landwärts
strömende Luft entstanden ist.
Wir haben es hier also im kleinen mit der gleichen
Zirkulation wie im äquatorialen Bereich zu tun
(→ Seite 57). Nur macht sich wegen der kurzen
Entfernungen die scheinbare Rechtsablenkung
der Luft nicht bemerkbar. Ein sichtbares Merkmal
sind die mehr oder weniger großen Cumuluswolken, die sich je nach Feuchtegehalt in dem
aufsteigenden Luftstrom über Land bilden.
Über dem Wasser bleibt es indessen wegen der
Absinkbewegung wolkenlos, auch über den
unserer Küste vorgelagerten Nordseeinseln. Da sie
sehr klein sind, die Erwärmung des Inselbodens
also nicht zu einem eigenen aufsteigenden

Das Windsystem zwischen See und Land: Seewind.

Luftstrom ausreicht, können sie dieses Zirkulationssystem nicht stören. Zudem ist der Nachschubbedarf über dem Festland so groß, daß der Seewind über die Inseln hinweggeht und Wolkenbildung nicht zuläßt. So können nachmittags über dem Festland Regenschauer, ja sogar Gewitter niedergehen, während auf den Inseln ungestört die Sonne scheint.

Experten-Rat: Wenn Sie auf den Nordseeinseln Urlaub machen, können Sie wegen des Seewinds dort oftmals mit schönem Wetter rechnen, während es auf dem Festland regnet.

Landwind
Nach Sonnenuntergang kühlt das Festland rasch ab, häufig so stark, daß es kälter wird als das Meerwasser. Nun bläst der Wind eine Weile lang überhaupt nicht mehr; doch dann dreht er, denn plötzlich beginnt die Luft vom Land zum Wasser zu strömen. Der Landwind hat eingesetzt, und

Zum Bild:
Im Sommer erwärmt sich tagsüber das Land schneller als das Wasser. Dadurch wird die Luft darüber aufgeheizt und steigt in die Höhe. Als Ersatz strömt die kalte Luft über dem Wasser landeinwärts. Dies macht sich als Wind bemerkbar.

Das Windsystem zwischen Land und See: Landwind.

während über dem Wasser Wolken entstehen, verschwinden die Überreste der nachmittäglichen Bewölkung über dem Land.

Diese ausgeprägte Land-Seewind-Zirkulation hat ihre Ursache also ausschließlich in den unterschiedlichen Erwärmungseigenschaften von Wasser und Land. Jeder See entwickelt ein solch eigenes Windsystem, das umso ausgeprägter ausfällt, je kälter das Wasser im Verhältnis zur Erwärmung des Landes ist. Diese Entwicklung verstärkt sich noch, wenn der See von Bergen umgeben ist.

Wind am Gardasee

Ein Paradebeispiel dafür liefern die Windverhältnisse am Gardasee, einem Eldorado für Surfer. Hohe Berge rahmen den See so ein, daß er wie ein nach Süden hin offenes Dreieck daliegt. So scheint die Sonne morgens auf die Berghänge am Westufer des Sees. Da die Hangneigung das Aufsteigen der Luft verstärkt, fegt diese als Ostwind mit Windstärke 5 bis 6 über den See. Ab Mittag werden die Berghänge am Ostufer beschienen, während die am Westufer nun im Schatten liegen. Innerhalb von 30 Minuten wechselt die Windrichtung, und jetzt fegt mit gleicher Stärke die Luft von West nach Ost über den See.

Lokale Windsysteme

Solche lokalen Windsysteme entstehen aber nicht nur zwischen Land- und Wasserflächen, sondern auch auf festem Boden. In Städten zum Beispiel heizen Stein und Beton sich stärker auf als das sie umgebende Land. Dadurch steigt die Luft verstärkt in die Höhe, so daß bei entsprechender Feuchte Regenschauer und Gewitter dort eher auftreten werden. Das schwere Unwetter über Stuttgart im August 1971, bei dem in Minutenschnelle Unterführungen voll Wasser liefen, war die Folge einer ungewöhnlich starken Aufheizung der Stadtlandschaft.

Auch zwischen Waldgebieten und benachbarten Getreidefeldern herrscht dieses System, denn über den hellen Feldern erwärmt sich die Luft schneller als über den dunklen Wäldern.

Diese unterschiedlichen thermischen Eigenschaften der Erdoberfläche wirken sich umso stärker

Wolken über dem Land – wolkenloser Himmel über der See.

aus, je unbeeinflußter sie durch die großräumigen Druckgebiete sind. Im Zentrum eines Hochdruckgebietes ist zum Beispiel der Wind sehr schwach. Deswegen bestimmen dort die lokalen Verhältnisse fast ausschließlich das Wettergeschehen. Im Wetterbericht kann diese Vielfalt schon aus zeitlichen Gründen nicht berücksichtigt werden. Es liegt also an Ihnen, durch Beobachtung den Einfluß Ihrer landschaftlichen Umgebung auf das Wetter abschätzen zu lernen. Dies bringt Sie einen Schritt weiter in der eigenen Wettervorhersage, so daß Sie vielleicht bald, wie früher die Bauern und Hirten, auch sagen können:
»So die Hölzer und die Hecken
schwarz erscheinen, sie Regen erwecken.«

Zu den Bildern:
Nach Sonnenuntergang bläst der Wind vom Land zur See, weil jetzt das Wasser mehr Wärme abgeben kann als der Erdboden.
Wer auf den Nordseeinseln Urlaub macht, kann sich dort oft über einen wolkenlosen Himmel freuen, während es auf dem Festland manchmal sogar regnet.

Folgende Doppelseite:
Föhnmauer am Alpenhauptkamm (Großglockner).

Der Föhn

Welch spürbaren Einfluß die Berge auf das Wettergeschehen nehmen, habe ich schon am Beispiel Gardasee erwähnt. Doch wirken sie sich nicht nur auf solche lokalen Windsysteme aus, sondern beeinflussen wegen ihrer Hinderniswirkung auch massiv die Luftströmung (→ Die Landschaften und ihre Winde, Seite 126). Zu welch außergewöhnlichen Wetteränderungen dies führen kann, wollen wir am wohl bekanntesten Fall untersuchen, dem Föhn.

Das Wort Föhn leitet sich aus dem lateinischen *favonius* = lauer Westwind ab. Im Grunde sollte noch eigensinnig beigefügt werden, denn dieser Wind ist immer für Überraschungen gut.

Einer weit verbreiteten Meinung will ich gleich zu Beginn entgegentreten. Der Föhn ist nicht etwa eine bayerische oder alpenländische Erfindung, sondern es gibt ihn überall da, wo sich der Luftströmung ein Hindernis in den Weg stellt. Je größer dieses Hindernis ist, umso auffälliger sind auch die Auswirkungen. Und da die Alpen als etwa 3000 m hohes Massiv wie ein riesiger Klotz in die durchschnittlich 10 km dicke Wetterschicht ragen, macht sich ihr Einfluß besonders deutlich und großräumig bemerkbar.

Wenn Luft steigt und fällt

Grundsätzlich stehen der Luft zwei Möglichkeiten offen, einem Hindernis auszuweichen:
- Sie fließt darum herum.
- Sie strömt darüber hinweg.

Eine linsenförmige Föhnwolke entsteht.

Zu den Bildern:
Wenn Luft über ein Hindernis klettern muß, entsteht Föhn. Trägt sie genügend Feuchtigkeit mit sich, bildet sich eine Wolke, die das typische Aussehen einer Linse hat. Auf der windzugewandten Seite (Luv) ist der Auftrieb der Luft so stark, daß eine Quellwolke entsteht.

Die Föhnwolke wird größer.

Eine Quellwolke entsteht auf der windzugewandten Seite.

Im ersten Fall entstehen Winde, wie zum Beispiel der Mistral, für den sich das enge Rhônetal wie eine Düse auswirkt (→ Seite 126).

Im zweiten Fall überwindet die Luft das Hindernis, indem sie auf der einen Seite hinaufklettert und auf der anderen Seite hinunterfällt. Dies ist die Vorbedingung für Föhn und auch sein besonderer »Charme«, denn damit verbunden ist die Tendenz zur Wolkenbildung und -auflösung (→ Seite 18). Eine Föhnlage kann sowohl auf der Nordseite als auch auf der Südseite der Alpen auftreten. Auf der Alpennordseite stellt sie sich dann ein, wenn sich ein Tief vom Atlantik her dem Kontinent nähert, während ein Hoch über dem Balkan nicht weichen will. Dabei verstärkt sich zwischen diesen beiden Druckgebilden der Südwestwind. Er treibt die Luft gegen die französischen Seealpen sowie die Südschweizer und Südtiroler Berge. Sie muß zum durchschnittlich 3000 m hohen Alpenhauptkamm aufsteigen, dabei bilden sich Wolken, die die Berge einhüllen. Strömt die Luft auf der Nordseite wieder abwärts, erwärmt sie sich, mit dem Ergebnis, daß die Wolkentröpfchen allmählich verdunsten.

Hat es beim Aufsteigen nicht geregnet, muß auf der Nordseite die gleiche Masse Feuchtigkeit verdunstet werden, die auf der Südseite kondensierte. Dann ist die gesamte Alpenregion in Wolken gehüllt, und das Wetter beiderseits des Alpenhauptkamms unterscheidet sich nicht. Regnet oder schneit es jedoch auf der Alpensüdseite, trägt die Luft längst nicht mehr soviel Feuchtigkeit mit sich. Je mehr Niederschlag also gefallen ist, umso früher werden die Wolken beim Absinken verdunstet sein.

So kommt es dazu, daß bei der weiteren Abwärtsbewegung in die Täler die ganze Energie nur noch zur Erwärmung der Luft beiträgt; gleichzeitig sinkt die relative Feuchtigkeit, und zwar so stark, daß die Alpenkette zum Greifen nahe erscheint.

Tip für die Wetterprognose: Bessert sich die Sicht schnell und wird außergewöhnlich gut, steht Wetterverschlechterung unmittelbar bevor. In den Alpen kann ein regelrechter Wettersturz folgen.

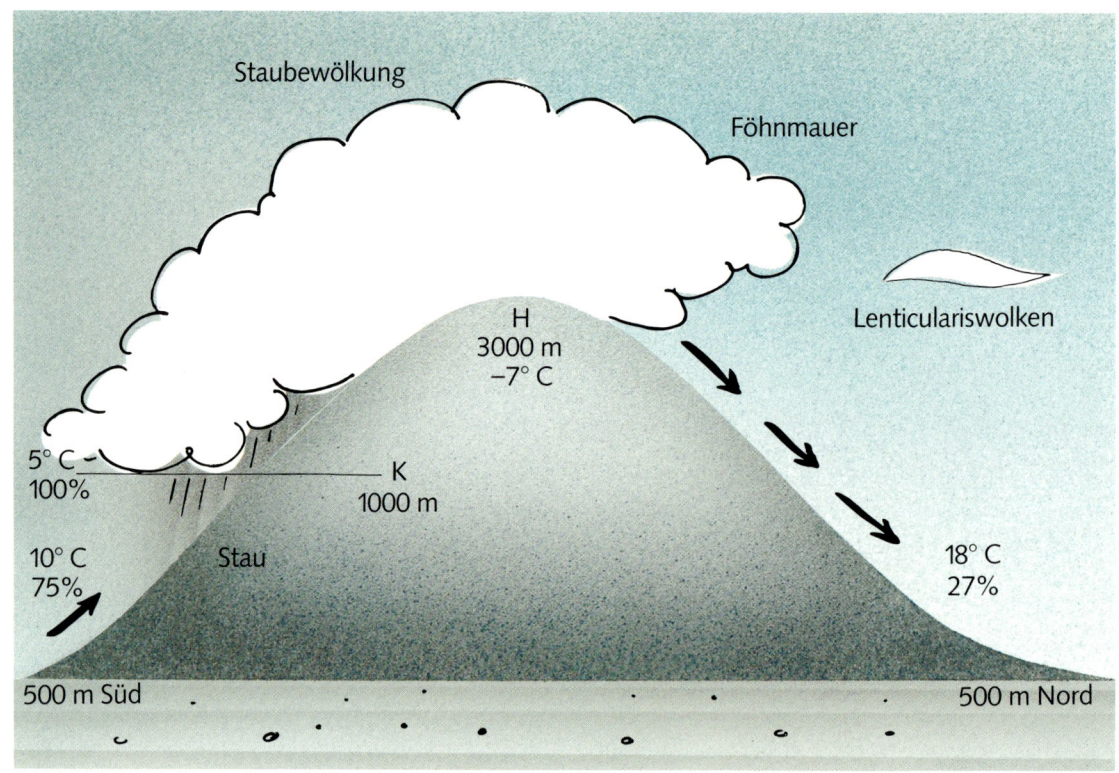

Wie Föhn entsteht.

Labels in the figure:

Staubewölkung

Föhnmauer

Lenticulariswolken

H
3000 m
−7° C

5° C
100%

K
1000 m

10° C
75%

Stau

18° C
27%

500 m Süd

500 m Nord

Föhn im Sommer

Die Föhnwirkung auf der Alpennordseite hängt also nur von der Menge der Stauniederschläge auf der Alpensüdseite ab. Damit Sie sich das besser vorstellen können, möchte ich Ihnen eine Föhnlage schildern, die sich im Sommer abspielen soll. Am Mittelmeer herrscht paradiesisches Badewetter mit einer Wassertemperatur von 26 °C. Von Südwesten strömt Luft auf die Alpen zu. Über dem warmen Wasser hat sie sich mit Feuchtigkeit vollgesaugt und verursacht nun über den Südalpen anhaltende Regenfälle. Bei der Kondensation des Wassers ist Energie freigeworden (→ Temperaturänderungen, Seite 55), die beim Sinken auf der Alpennordseite nur zu einem geringen Teil für das Verdunsten der restlichen Wolkentröpfchen verwendet werden muß. Kurz hinter dem Alpenhauptkamm werden die Wolken also verschwinden. Von Norden sieht es so aus, als würden diese Wolken wie eine Wand vor den Gipfeln stehen. Deshalb spricht man auch von der Föhnmauer. Was von der Kondensationswärme noch übrig geblieben ist, kommt nun der Luft bei weiterem Sinken mit 1 °C pro 100 m vollständig

Zu den Bildern:
Föhn ist ein warmer Fallwind. Je mehr Regen die Luft beim Hinaufklettern über das Hindernis hinter sich läßt, desto wärmer und trockener strömt sie auf der anderen Seite ins Tal.
Nur von der Seite sieht eine Föhnwolke wie ein Fisch aus. Von unten kann man ihren dunklen Bauch erkennen und den hellen diffusen Rand.

zugute, und zwar als fühlbare Wärme. Würde die Luft in Südtirol zum Beispiel mit 20 °C und 90 % relativer Feuchte gegen die Berge strömen, dann ließe der Föhn die Temperatur im Alpenvorland auf etwa 35 °C hochschnellen. Dabei wäre die Luft so trocken wie sonst nur in Wüstengebieten. Nun haben wir aber beim Hoch gelernt, daß die kalte schwere Luft, die im Alpenvorland am Boden liegt, von der warmen leichten Föhnluft nicht vertrieben werden kann (→ Winterhoch über Land, Seite 84). Demnach müßte sich eigentlich eine Inversion bilden, die umso stärker wäre, je wärmer und trockener die Föhnluft ist. Dennoch weicht die Kaltluft, und das hängt mit einer Wellenbewegung zusammen, die das Hindernis erzeugt.

Windgeschwindigkeit

Im Gegensatz zu einem Hoch, wo die Wind-geschwindigkeiten gering sind, weht zwischen dem Atlantiktief und dem Balkanhoch in der Höhe ja ein Südwestwind. Er zwingt die Luft, sich auf der Alpensüdseite zu heben, so daß sie auf der Nordseite wieder absinken muß. Diese Bewegung setzt sich fort und wandert als Wellenschwingung in der Südwestströmung mit.

Ob nun die warme Föhnluft das Tal erreicht, hängt von zwei Dingen ab:
• Wie kalt ist die Luft am Boden?
• Wie hoch ist die Windgeschwindigkeit über den Alpen?
Wenn die Luft sehr kalt ist, wirkt sie wie zähes Öl und dämpft die Schwingung. Weht dazu der Wind nicht sehr stark, bleibt es in München leider kalt, während zum Beispiel in Oberstdorf die Tempera-tur nach oben schnellt. Nur die linsenförmigen Wolken (→ Altocumulus lenticularis, Seite 30) geben zu erkennen, daß Föhn herrscht. Doch die Situation ändert sich, sobald das westeuropäische Tief näher kommt und der Wind auf der Zug-spitze auffrischt. Dadurch verstärkt sich die Wellenbewegung, und der Abstand zwischen Wellenberg und -tal wird größer. Das ist dann nicht anders als im Wasser, wo durch die Wellen der Boden aufgewühlt wird.

Tip für die Wetterprognose: Je näher ein Tief aus Westeuropa vorrückt, und je stärker der Wind auf den Berggipfeln auffrischt, desto heftiger fegt der Föhnsturm ins Tal.

Altocumulus lenticularis.

Immer tiefer dringt die Föhnluft vor und erfaßt eine Kaltluftschicht nach der anderen. Urplötzlich hat sie den Boden erreicht. Der Wind fegt mit so hoher Geschwindigkeit daher, daß man von Föhnsturm spricht. Er kann Bäume knicken und sogar Autos umwerfen.

Wettersturz

Der Föhn ist also Vorbote einer Wetterverschlechterung. Nur der Unkundige freut sich über den Sonnenschein und die warme Luft. Dies ändert sich schlagartig, wenn das Tief von Frankreich her sich unmittelbar abzeichnet. Wir wissen, daß auf seiner Ostseite die Luft in die Höhe steigt (→ Der Lebenslauf eines Tiefs, Seite 60). Zwar weht der Wind weiterhin aus Südwesten über die Alpen, doch jetzt wird die Absinkbewegung im Alpenvorland schwächer, weil ihr aufsteigende Luft entgegenkommt. Da sich dieser Wechsel innerhalb von ein bis zwei Stunden vollziehen kann, bricht der Föhn regelrecht zusammen.
Diese Unkenntnis ist schon vielen Wanderern in den Alpen zum Verhängnis geworden. Freudig stiegen sie bei klarer und warmer Luft auf, nicht darauf gefaßt, am Berg vom Wettersturz überrascht zu werden. Eine Bauernregel faßt das drastisch zusammen:
»Der Föhn macht das Wetter schön.
Wenn er vergohd – fällt er in Kot.«
Wo noch vor einer Stunde strahlender Sonnenschein herrschte, quellen nun die Wolken, genauso wie auf der Alpensüdseite. Die Berge sind vollkommen eingehüllt, und es regnet oder schneit. Dazu ist es empfindlich kalt geworden.
Manchmal ist noch in Franken sichtbar, daß die Alpen wieder einmal für Föhn gesorgt haben. Dann herrscht in etwa 5 km Höhe eine so hohe Windgeschwindigkeit (100–150 km pro Stunde), daß sich die in den Alpen erzeugte Wellenschwingung mit dem Südwestwind weit nach Nordosten fortpflanzen kann. Zu erkennen ist das an den linsenförmigen mittelhohen Wolken (→ Altocumulus lenticularis, Seite 30). Selbstverständlich gibt es auch bei Winden aus nördlicher Richtung Föhn, dann allerdings auf der Alpensüdseite. Dort wird der Wind nicht als warm empfunden, da seine Ausgangstemperatur nördlich der Alpen geringer ist und trotz föhniger Erwärmung gegenüber den höheren Temperaturen südlich der Alpen eher frisch wirkt. Auf der Nordseite stauen sich indes die Wolken und sorgen für tagelange Regen- und Schneefälle im Alpenvorland.

Föhn anderswo

Was sich in den Alpen in manchmal dramatischer Weise abspielt, läßt sich bei allen Bergen beobachten. Nicht so bekannt, aber genauso wetterwirksam ist der Föhn des norwegischen Gebirges. Er bildet sich, wenn ein Hoch mit seinem Zentrum über Südengland oder Nordfrankreich liegt. Der Nordwestwind treibt die Luft gegen das Gebirge und während über der Nordsee starke Bewölkung aufzieht und ins Landesinnere getrieben wird, herrscht über Dänemark und Schleswig-Holstein bis nach Berlin wolkenloser Himmel.
Hier verläuft die Grenze zwischen bewölktem und wolkenlosem Himmel wie mit dem Lineal gezogen. Sie kann so markant sein, daß sich die Urlauber im Nordteil der Insel Sylt im strahlenden Sonnenschein aalen, während der Südteil unter einer dichten Wolkendecke liegt.
Aber auch in den Mittelgebirgen lassen sich Föhnerscheinungen beobachten. Die Eifel sorgt bei Südwestwinden für einen schmalen wolkenfreien Streifen in der Gegend um Euskirchen. Der Teutoburger Wald trennt Regen und Sonne auf engstem Raum. Rhön und Harz bewirken in der DDR föhniges Wetter.

Zu den Bildern:
Das für Föhn typische trockene und warme Wetter kann viele Kilometer nordwärts wandern. Diese Föhnfische sind bis Franken »geschwommen«. Währenddessen stauen sich die Wolken auf der Luv-Seite des Gebirges und sorgen besonders im Frühjahr für heftige Schneeschmelze und Regenfälle.

Föhniges Wetter in Franken.

Staubewölkung am Alpenrand.

Die Klimazonen

Auf unserem Fernsehapparat zeigt das von METEOSAT aufgenommene Satellitenbild bloß einen kleinen Ausschnitt der Erdkugel. Der Wettersatellit beobachtet nämlich nur etwa 30 % der gesamten Erdoberfläche; entsprechend bekommen auch wir lediglich einen winzigen Teil des globalen Wettergeschehens zu sehen. Trotz des ständig wechselnden Wetters, das Sie selbst erleben und im Satellitenfilm auch überall in Europa beobachten können, stellt sich doch ein recht gleichmäßiger Jahresablauf ein. Manchmal kommt es uns zwar so vor, als sei der Sommer nur ein grün angestrichener Winter gewesen wie zum Beispiel 1987, aber eines steht fest: Auf das Kommen und Gehen der Jahreszeiten ist Verlaß. Dieser sich immer wiederholende Verlauf des Wetters, der über Jahre hinweg charakteristische Werte für Temperatur, Wolken und Niederschlag liefert, bestimmt das Klima eines Gebiets. Bei uns in Mitteleuropa ist es der ständige Wechsel von Hoch- und Tiefdruckgebieten, der darüber entscheidet. Er sorgt dafür, daß das ganze Jahr über unterschiedliche Luft zu uns transportiert wird. So kommt einmal warme Luft aus Süden, dann kalte aus Norden, oder nach Tagen feuchter Luft aus Westen erreicht uns trockene aus Osten. Dies hat zur Folge, daß die Winter nicht zu kalt, die Sommer nicht zu heiß werden. Außerdem fällt der Niederschlag schön gleichmäßig verteilt über das ganze Jahr. Genau genommen ist das ein recht zusammengewürfeltes Wetter, doch weil es uns von allem etwas beschert, sprechen wir von einem gemäßigten Klima.

Viele Leute schimpfen zwar immer wieder darauf, vor allem dann, wenn sie Urlaub machen wollen.

Aber das ist recht kurzsichtig, denn das »Wendische« unseres Wetters beeinträchtigt allerhöchstens unseren Komfort. In den meisten anderen Gebieten dieser Erde muß der Mensch gegen das Klima kämpfen, häufig um das nackte Leben. Wir sollten also froh sein, in diesem gemäßigten Klima leben zu dürfen. Noch leben zu dürfen. Es ist nämlich zu befürchten, daß die folgende Beschreibung der Klimazonen, die seit langer Zeit charakteristisch für die jeweiligen Gebiete ist, zunehmend nur mehr die Momentaufnahme einer immer eiliger voranschreitenden gefährlichen Veränderung darstellt.

Die Tropen

Nicht umsonst werden die Tropen das Treibhaus am Äquator genannt. Ihr Bild wird bestimmt vom immergrünen, üppig wuchernden tropischen Regenwald. Gleichmäßig hohe Temperaturen und reichlich Regen sorgen das ganze Jahr über für Wachstum, so daß in diesem natürlichen Schlaraffenland eine einzigartige Vielfalt an Pflanzen und Tieren entstand. Ausgeprägte Jahreszeiten wie bei uns kennt man in den Tropen nicht. Das ganze Jahr über ist das Wetter recht einheitlich, man könnte sogar sagen langweilig, wenn es dafür nicht umso eindrucksvoller im Tagesverlauf wäre.

Ein Tag am Äquator
Pünktlich morgens um sechs Uhr geht am Äquator die Sonne auf. Es wird rasch wärmer. Über dem feuchten Regenwald verdunsten

Die Klimazonen der Erde.

Nebelschwaden, und die zunehmende Schwüle ist für Mitteleuropäer kaum zu ertragen. Wolken beginnen zu quellen und türmen sich zu riesigen Gebirgen. Im morgendlichen Sonnenlicht bieten sie ein grandioses Bild. Bis zum Mittag beherrschen sie den Himmel, verdecken immer häufiger die Sonne und werden dunkler. Am Nachmittag öffnen sich dann die Wolkenschleusen. Vom kurzen, aber heftigen Regenschauer bis hin zu sintflutartigen Wolkenbrüchen reicht die Palette, oft von Gewittern begleitet. In manchen tropischen Gegenden blitzt und donnert es fast jeden Tag. In Kampala, der Hauptstadt Ugandas, werden an 224 Tagen im Jahr Gewitter beobachtet, in Indonesien an über 300 Tagen!

Zum Bild:
Der Kugelgestalt der Erde und ihren astronomischen Besonderheiten verdanken wir, daß es auf unserem Globus unterschiedliche Klimazonen gibt.

Vorhergehende Doppelseite:
Tropischer Regenwald mit Flußwindungen auf Neuguinea.

Tropische Quellwolken.

Sie wachsen schnell höher.

Selbst nach Sonnenuntergang …

… haben sich die Wolken noch nic…

Im Licht der untergehenden Sonne leuchten die Wolkentürme farbenprächtig. Auch wenn sich längst die Nacht herniedergesenkt hat, erheben sich die Überreste der bis in 18 km Höhe reichenden Wolkengiganten noch immer majestätisch am Himmel. Der Regen, der Tag für Tag fällt, summiert sich zu Mengen, die für Mitteleuropäer unvorstellbar sind. Bei uns in Deutschland fallen im Jahresdurchschnitt etwa 85 cm, etwas mehr als Tischhöhe also. In den Tropen sind es meist 1,5–4 m. Noch wesentlich mehr Regen fällt im Kongobecken, dem Zentrum des tropischen Regenwaldes. In Kamerun liegt der regenreichste Ort Afrikas. Die jährliche Regenmenge von 10,3 m entspricht der Höhe eines dreistöckigen Hauses!

Zerstörung des Regenwaldes

Welchen Stellenwert der Regenwald im ökologischen System der Erde hat, ist gar nicht abzumessen. Unvorstellbar in ihrem Ausmaß sind deshalb die Schäden, die der Mensch in seinem Wahn, die Erde beherrschen zu wollen, nun anrichtet.
Durch Abholzung und Brandrodung vernichtet er in Afrika, Südamerika und Indonesien jedes Jahr tropischen Regenwald in der Ausdehnung Süddeutschlands.
Fortgesetzt wird das Zerstörungswerk von den tropischen Regenmassen, die das nunmehr ungeschützte Erdreich wegschwemmen und damit einen teuflischen Wechselwirkungsprozeß einleiten. Der kahle Boden verdunstet weniger

Gewittertürme entstehen.

...erzogen.

Zu den Bildern:
Nirgendwo auf der Erde
entwickeln sich Wolken im
Tagesverlauf so atemberau-
bend wie in den Tropen.
Gleichmäßig hohe Tempera-
turen und reichlich Regen
sorgen das ganze Jahr über
für üppiges Wachstum.

Folgende Doppelseite:
Gewitterwolken nach
Sonnenuntergang.

Wasser als der abgeholzte Regenwald. Weniger Wolken und damit auch geringere Regenmengen sind die Folge. So breitet sich anstelle des blühenden Walds zunächst Savanne, dann Steppe aus, und das innerhalb weniger Jahrzehnte. Wenn diesem Zerstörungswerk kein Einhalt geboten wird, gehört nach Angaben der UNO der tropische Regenwald in etwa 60 Jahren der Vergangenheit an.

Treibhauseffekt: Das Verschwinden des tropischen Regenwalds hat aber nicht nur Konsequenzen für die tropischen Gebiete selbst, sondern für das globale Klima insgesamt. Ich möchte nur einen Aspekt herausgreifen, der im Zusammenhang steht mit dem sogenannten Treibhauseffekt, über

den ja fast täglich in den Medien berichtet wird. Das Wort Treibhauseffekt kommt daher, daß Kohlendioxid (CO_2) sowohl auf die kurzwellige Sonnenstrahlung als auch auf die langwellige Wärmestrahlung der Erde (→ Der Motor Sonne, Seite 50) eine ähnliche Wirkung hat wie Glas. In einem Treibhaus wird es deshalb so warm, weil das Glas die Sonnenstrahlen fast ungehindert durchläßt, die Wärmestrahlung vom Boden aber nicht wieder hinausläßt.

Nun wird bei jedem Verbrennen fossiler Stoffe wie Holz, Öl, Kohle oder Erdgas CO_2 frei. Und da zunehmende Industrialisierung und der Anstieg der Weltbevölkerung zu einer vermehrten Energieerzeugung aus fossilen Brennstoffen geführt

Geröllwüste.

haben, nimmt auch die CO_2-Konzentration in der Atmosphäre kontinuierlich zu.

Ein nicht unbeträchtlicher Anteil wird dabei durch die Verbrennung des tropischen Regenwalds geliefert. Nach Schätzung von Experten sind es zwischen 20 und 60 %. Und da der Abbau von CO_2, den Pflanzen während ihres Wachstums ständig vollziehen, somit auch entfällt, verstärkt sich die Zunahme umso drastischer. Mit jedem Baum, der umgehauen oder verbrannt wird, sägen wir buchstäblich an dem Ast, auf dem wir sitzen.

Die Subtropen

In den Subtropen sind fast alle Wüstengebiete der Erde beheimatet. Das Wüstenklima, das eine Folge großräumigen Absinkens ist ($\rightarrow$ Luftdruck-änderungen, Seite 56), bildet mit den Tropen – ähnlich wie beim Land-Seewind – ein geschlossenes Zirkulationssystem ($\rightarrow$ Seite 57). Der durch das Absinken hervorgerufene hohe Druck er-

Zu den Bildern:
In den Wüsten ist Regen Mangelware. Manchmal bleibt er sogar jahrelang aus. Dann bringt nur Tau etwas Feuchte. Es gibt Wüstenbe-wohner, die noch nie in ihrem Leben Regen gefühlt haben.

streckt sich nördlich und südlich des Äquators bei etwa 30 °C Breite rund um die Erde, weshalb diese Gebiete als subtropische Hochdruckgürtel bezeichnet werden.

Wüstenklima

Durch das großräumige Absinken in den Subtropen wird auch die relative Feuchte (→ Seite 45) so gering, daß sie häufig unter 20 % liegt, in den Zentren der Wüsten bisweilen sogar nahe 0 %. Wolken können sich kaum bilden trotz der Sonne, die unbarmherzig vom meist tiefblauen Himmel brennt und die Luft auf 40°–50 °C aufheizt. Sie scheint in der Libyschen Wüste 4300 Stunden lang; bei uns hingegen läßt sie sich durchschnittlich nur etwa 1700 Stunden im Jahr blicken.

In der durch die Überhitzung flimmernden Luft bilden sich Dunstschleier. Sie verstärken die Wirkung des an sich schon hellen Sonnenlichts zu einer unwirklichen Lichtfülle. Dabei wirkt der glühend heiße Boden wie ein Spiegel, darin das Himmelslicht reflektiert wird und dem Beobachter einen See in der Wüste vorgaukelt. So eine Fata Morgana können Sie an wolkenlosen Hochsommertagen übrigens auch bei uns beobachten, wenn es so aussieht, als würden auf einer heißen Asphaltstraße die Autos auf einem Wasserfilm fahren.

Die Hitzerekorde dieser Erde sind alle in diesen Gegenden gemessen worden. El Azizia in der Libyschen Wüste hält den Weltrekord mit 58 °C. Nicht viel weniger, nämlich 56,7 °C, wurden im »Tal des Todes« in Kalifornien gemessen.

In der Wüste kann man aber auch ganz erbärmlich frieren. Die extrem trockene Luft bietet dem Boden nachts keinen Schutz vor Wärmeverlust (→ Tau und Reif, Seite 40), so daß die Temperatur bis nahe 0 °C sinkt; selbst Frost ist keine Seltenheit. Immerhin fördert die starke Abkühlung die Bildung von Tau. In manchen Wüsten ist er die einzige Form des Niederschlags, der zum Beispiel in den Kernzonen im Jahr durchschnittlich weniger als 25 mm beträgt. Regenfälle sind nur Episoden und können jahrelang ausbleiben. Wenn es jedoch regnet, dringt das Wasser kaum in den trockenen festen Boden ein, sondern fließt in die Talmulden. Dann wälzen sich durch die trockenliegenden und mit Schutt gefüllten Flußläufe, die Wadis, innerhalb kürzester Zeit brausende Wassermassen. So sollen in der Wüste zur Zeit der großen Karawanen im letzten Jahrhundert mehr Leute ertrunken als verdurstet sein.

Sandwüste.

Zum Bild:
Bei den Wüstenbewohnern
steht die Schutzfunktion der
Behausung im Vordergrund.
Die Häuser sind eng anein-
ander gebaut und die Fenster
weit oben angebracht, um
die kühle Luft, die sich am
Boden sammelt, nicht
entweichen zu lassen.

Verfallene Stadt in der Wüste.

Nach solchen Regenfällen verwandelt sich die Wüste in wundersamer Weise. Im Wüstenboden lagern nämlich die Samen zahlreicher kleinwüchsiger Pflanzen, die jahrelang keimfähig bleiben. Sobald diese nun mit Feuchtigkeit zusammentreffen, fangen sie an zu sprießen und vollziehen innerhalb weniger Tage ihren ganzen Lebenslauf. Öde Wüstenflächen werden dann in kürzester Zeit von zarten bunten Blumenteppichen überzogen.

Weit häufiger als Niederschläge treten jedoch Sandstürme auf. Sie sind die Folge von kleinen Tiefs, die im Winterhalbjahr zum Beispiel in der westafrikanischen Sahara entstehen, wenn kalte Luft aus unseren Breiten bis dorthin vordringt. Sie wird über dem Wüstenboden aufgeheizt und führt zu stark aufsteigender Luftbewegung, mit der riesige Mengen feinster Sandpartikel in die Höhe gerissen werden.

Die Schrecken eines solchen Sandsturms beschreibt Lawrence von Arabien: ». . . unsere Gesichter sprangen auf, während unsere körnig gewordenen Augenlider zurückzukriechen und die einschrumpfenden Augen fast preiszugeben schienen.«

Dieser Sand – oder besser Staub – ist so leicht, daß er über weite Strecken verfrachtet wird. So kann es bei einer Südströmung passieren, daß selbst bei uns die Landschaft von einem gelb- oder rötlichbraunen Schleier eingehüllt ist. Regnet es

dabei noch und werden Autos mit einer Farb-
schmiere überzogen, dann waren das nicht die
»bösen Nachbarskinder«, sondern der Sahara-
staub.
Die Wüste besteht allerdings nicht nur aus Sand.
Da dieser eine Folge der Verwitterung ist, findet
man Sandwüsten nur längs der Küsten oder in
Gegenden, wo Wind und große Temperaturunterschiede den Sandstein allmählich in feinen Sand
verwandelt haben.
Weit häufiger gibt es Geröll- und Gesteinswüsten.
Hier fallen dem Reisenden bizarre Formen ins
Auge, die Wind und Staub aus den verschieden
harten Gesteinen regelrecht herausmodelliert
haben. Oft enthalten die Gesteine Spuren von

Mangan und Eisen, die in der Luft oxidieren und
die Oberfläche mit einem dunklen Belag überziehen. Dieser wie poliert wirkende Überzug, auch
Wüstenlack genannt, verleiht der Gesteinswüste
ein düsteres Aussehen.

*Experten-Rat: Wüstenreisende sollten sich
die dortige Bekleidung angewöhnen.
Mehrere Lagen übereinander lassen die Hitze
nicht bis zum Körper vordringen. Die
Vermummung des Gesichtes schützt vor dem
feinen Sand in der Luft.*

Die Übergangszonen

Für die Entstehung der Jahreszeiten ist sowohl der Lauf der Erde um die Sonne als auch die Schrägstellung der Erdachse verantwortlich (→ Der besondere Planet Erde, Seite 52). In den äquatorialen Breiten äußert sich das lediglich so, daß der Sonnenhöchststand im Laufe eines Jahres zwischen den beiden Wendekreisen hin- und herwandert. Am 21. Juni steht die Sonne mittags bei 23,5° nördlicher Breite (N) senkrecht, am 21. Dezember bei 23,5° südlicher Breite (S). Diese Wanderung des Sonnenhöchststandes macht der aufsteigende Ast der äquatorialen Zirkulation mit. Die tropischen Regen- und Gewitterwolken wandern also in unserem Sommer vom Äquator aus Richtung Norden, in unserem Winter Richtung Süden. Dadurch ergeben sich zwischen dem reinen tropischen Regenwald und den subtropischen Wüsten Übergangsbereiche mit mehr oder weniger langen Regenzeiten.

Savannen und Steppen

Da die Sonne auf ihrem scheinbaren Weg über den Äquator einmal von Norden und einmal von Süden kommt, steht sie zwischen den Wendebreiten zweimal im Jahr senkrecht am Himmel. Deshalb gibt es auch zwei Regen- und zwei Trockenzeiten, wobei die Regenzeiten in der Nähe des Äquators immer länger werden. Im Juli und August, das heißt, wenn bei uns Sommer ist, erreichen die Regenfälle die nördlichsten Gebiete. Dazu zählt die durch Hungersnöte bekannt gewordene Sahelzone, wo nur in diesen zwei Monaten genügend Regen fällt, um die Vegetation zum Leben zu erwecken.
Verschiebt sich der Sonnenhöchststand auf die Südhalbkugel, wandern die Regenzeiten hinterher. Nun beginnt dort der Sommer, während es bei uns auf den Winter zugeht.
In dem Maße, in dem die Zahl der Regenmonate zu den Subtropen hin abnimmt, ist auch die Vegetation unterschiedlich entwickelt. Der immergrüne tropische Regenwald geht zunächst in den Savannenwald über. Hier werfen die Bäume in den Trockenmonaten schon mal ihre Blätter ab. Doch je weiter sich der Regenwald entfernt, desto mehr verliert sich der Waldcharakter zugunsten einer offenen Graslandschaft.
Auch die Temperaturschwankungen werden größer, zwischen den Jahreszeiten ebenso wie zwischen Tag und Nacht. In der Mitte der Trocken-

zeiten herrschen für uns Mitteleuropäer sogar erträgliche Werte. 35 °C kann man verkraften, und in den Nächten geht die Abkühlung auf etwa 15 °C zurück. Wenig Anziehendes bietet allerdings die braungebrannte und ausgedörrte Vegetation. Wenn die Regenzeit naht, kündigt sie sich durch zunehmende Schwüle und Wärme an. Unvermittelt, manchmal über Nacht, ändert sich das Wetter. Plötzlich stehen riesige Quellwolken am Himmel und öffnen ihre Schleusen. Regen stürzt herab und verwandelt die Savanne in ein Blütenmeer. Bald haben die verbrannten Gräser, die rasend schnell zu wachsen beginnen, Zimmerhöhe erreicht.
Je nach Höhe und Dauer der Regenfälle unterscheidet man Feucht-, Trocken- und Dornensavanne.
In der Feuchtsavanne dauert die Regenzeit noch sieben bis neun Monate und läßt etwa 50 % mehr Regen fallen als bei uns.
In der Trockensavanne fällt noch fünf bis sechs Monate lang Regen, zum Teil jedoch schon weniger als bei uns im ganzen Jahr.
Die Dornensavanne oder auch Steppe ist der Grenzbereich zur Wüste. Die Regenzeit beträgt nur noch zwei Monate und bleibt in manchen Jahren ganz aus. Mißernten und Hungersnöte sind dann die Folge. Selbst wenn es regnet, fällt nur etwa 25 % unseres jährlichen Niederschlags. So weit das Auge reicht, ist der Boden nur mit Grasbüscheln und niedrigem dornigem Gestrüpp bedeckt. Lediglich an den Flußufern, die allerdings in der Trockenzeit kein Wasser führen, können Bäume gedeihen.
Mehr als 33 % der Fläche Afrikas besteht aus Savanne. Hier vollzieht sich ein schleichender Wandel mit katastrophalen Folgen. Überbevölkerung, Not und Profitgier bewirkten, daß die

Zum Bild:
Regenzeit in der Savanne.
Sobald Regen fällt, ergrünt
das Land wie von Zauberhand.

Folgende Doppelseite:
Passatbewölkung über den
Kanarischen Inseln.

Auf dem Pico de Teide über den Wolken.

In der feuchten Passatluft wuchert es üppig.

Böden überweidet und ausgelaugt, die Wälder abgeholzt werden. Schutzlos ist der kahlgefressene und ausgebeutete Boden Regen und Wind preisgegeben. Kein Wurzelwerk hält mehr die ohnehin kärgliche Bodenkrume zusammen. Was der Wind nicht verweht, wird vom Regen weggeschwemmt. Zunächst bilden sich hie und da verödete Inseln aus nicht mehr nutzbarer Erde; doch langsam wachsen sie aufeinander zu und breiten sich immer weiter aus. Hinzu kommt, daß über den staubigen Böden kaum mehr Feuchtigkeit verdunstet, so daß es immer weniger Regenwolken gibt. Wenn die Regenzeit ganz ausbleibt, hat die Wüste schon gewonnen. In den letzten sieben Jahren drang die Sahara um rund 150 km nach Süden vor. Das bedeutet, daß sich eine Fläche von der doppelten Größe der Bundesrepublik in Wüste verwandelt hat!

Die Kanarischen Inseln
Die Passatwinde, die vor allem über den Ozeanen wegen deren einheitlicher Oberfläche auftreten, prägen das Klima aller Inseln in den äquatorialen Zonen. Hierzulande am bekanntesten sind wohl die Kanarischen Inseln, mit deren Klima sicherlich schon viele Leser in Berührung gekommen sind. Es wird durch drei Faktoren bestimmt:
• Zugehörigkeit zur Passat-Region
• Lage auf der Westseite des Kontinents
• Einfluß der Tiefdrucktätigkeit im Winterhalbjahr.

Passatwolken branden gegen die Nordseite …

… und schwappen über die Berggipfel.

Fahrt in den Nebel.

Mitten in den Wolken.

Diese Gegebenheiten sorgen dafür, daß auf den im Grunde recht nahe beieinanderliegenden sieben Hauptinseln dennoch ein vielfältiges Klima herrscht. Den dominierenden Einfluß üben die Passatwinde aus. Sie bewirken, daß auf der Nordseite der meisten Inseln eine üppige Vegetation gedeiht, obwohl diese auf der gleichen geographischen Breite liegen wie die lebensfeindlichen Kernwüsten der Sahara.

Nord-Süd-Gefälle: Der aus Nordost wehende Passat ist ursprünglich trocken. Doch über dem Ozean nimmt er Feuchtigkeit auf; es bilden sich flache weiße Stratocumulus-Wolken, die nicht sehr kräftig werden können, da sie durch die subtropische Absinkinversion in ihrem Wachstum

gebremst werden. Sie sind deshalb die für diese Gegend typische Bewölkungsform.

Nun stellen in der Passatströmung die Inseln mit ihren Erhebungen ein Hindernis dar. Auf Teneriffa ragt der Pico de Teide mit seinen 3718 m sogar über die Passatinversion hinaus. Ein Teil der Luft sucht sich ihren Weg zwischen den Inseln hindurch, was an den schneller ziehenden Stratocumuluswolken regelrecht zu sehen ist. Der Rest hingegen staut sich vor den Hindernissen. Jetzt ballen sich je nach Feuchtigkeit der anströmenden Luft die Wolken zusammen, hüllen die Berge in Nebel ein oder lassen es regnen.

Sind die Hindernisse überwunden, lösen sich auf der Südseite die Wolken auf. Deswegen scheint

Auf der Südseite der Inseln ist es trocken.

dort den ganzen Tag die Sonne, obwohl ringsherum Wolken zu sehen sind. Entsprechend trockener ist auch das Klima.

Ost-West-Gefälle: Auf dieses klimatische Nord-Süd-Gefälle wirkt sich zusätzlich die Nähe des afrikanischen Kontinents aus. Auf ihrem Weg von der Festlandküste zu den nächstgelegenen Inseln Lanzarote und Fuerteventura hat die Passatluft nämlich kaum Zeit, sich mit Feuchtigkeit anzureichern. Bei den weiter westlich liegenden Inseln hingegen kommt sie schon mit wesentlich mehr Wolken an. Auch dieser Umstand führt zu einem Niederschlagsgefälle, und zwar von West nach Ost. Auf den westlichen Inseln fällt mehr Regen als auf den östlichen. Selbstverständlich wirken sich die in der West-Sahara auftretenden Sandstürme eher auf den der Küste vorgelagerten Inseln aus. Der feine Sand, der vom Festland herübergeweht wird, dringt durch alle Ritzen der Häuser, so daß sich hinter den Türen richtige kleine Dünen bilden. Solche Staubstürme verdecken die Sonne und lassen nur ein fahles Licht durchscheinen.

Wenn sich im Winterhalbjahr die äquatoriale Zirkulation nach Süden zurückzieht, können Tiefdruckgebiete aus unseren Breiten sich bis über die Kanarischen Inseln hinaus bemerkbar machen. Sie bringen die sogenannten Winterregen, und da die Kaltluft meist aus Nordwesten heranzieht, werden ebenfalls die westlichen Inseln mehr Regen abbekommen.

Experten-Rat: Vor Ihrem nächsten Urlaub auf den Kanarischen Inseln sollten Sie die Lage Ihres Hotels genau prüfen. Je weiter die Insel im Osten und das Hotel im Süden liegt, desto mehr wird die Sonne scheinen.

Andere subtropische Gegenden

Hier ist der Einfluß der Passatwinde noch wesentlich größer. So fallen auf den Inseln, die wie beispielsweise Madagaskar vor der Ostküste der Kontinente liegen, Regenmengen, wie sie sonst nur in den Tropen vorkommen. Da sich das Festland tagsüber aufheizt, wird die Luft vom umgebenden Meer angesaugt und verstärkt den

Zu den Bildern:
Kommt man auf die Südseite
der Inseln, scheint dort die
Sonne, obwohl ringsherum
Wolken zu sehen sind.
Wenn von der Sahara der
Sand herüberweht, wirkt
alles fahl und farblos.

Nordost-oder Südostpassat an der Ostseite der Kontinente.

Hinzu kommt die Tatsache, daß die Ozeane von Warm- und Kaltwasserströmen durchzogen sind. Wer hat nicht vom warmen Golfstrom oder kalten Humboldtstrom gehört? Sie sind so orientiert, daß das warme Wasser an der Ostseite der Kontinente polwärts fließt und das kalte Wasser an der Westseite zum Äquator.

Die stärkere Passatströmung nimmt also über dem wärmeren Wasser mehr Feuchtigkeit auf, so daß dicke Regenwolken an die Inselberge prallen und sich in ungeheuren Wassermassen entladen. An der Ostküste von Madagaskar gibt es zum Beispiel richtigen tropischen Regenwald.

Auch Hawaii liegt in dieser Zone. Dort sorgen warmes Wasser und beständige Passatwinde für einen besonderen Weltrekord. Vielleicht denken Sie jetzt an die Reklamebilder vom ewigen Sonnenschein am Strand von Waikiki. Dabei fallen auf Hawaii jedes Jahr durchschnittlich mehr als 11 m Regen, soviel wie nirgendwo sonst auf der Welt.

Dies liegt daran, daß Kauai, die nördlichste der großen Hawaii-Inseln, ähnlich wie Teneriffa als etwa 1600 m hoher Kegel aus dem Pazifischen

Sandluft aus der Sahara über den Salinen von Lanzarote.

Der Wind läßt den Baum in Richtung Meer wachsen.

Ozean ragt. Nun wird vom Nordost-Passat ständig Luft, die sich über dem 23° bis 26 °C warmen Wasser mit Feuchtigkeit vollgesaugt hat, gegen diesen Kegelberg getrieben. Die Folge ist Regen, und die Wassermassen, die im Laufe des Jahres bis zum Dachfirst eines dreistöckigen Hauses reichen, haben auf der Nordseite der Insel tropischen Regenwald entstehen lassen. Auf der Südseite der Insel, nur 30 km weit weg, herrscht hingegen trockenes und fast immer sonniges Wetter.

Das Mittelmeer

Das äquatoriale Zirkulationssystem stellt einen riesigen globalen Brutofen dar. Damit er sich nicht immer weiter aufheizt, sorgen die Tiefdruckgebiete unserer Breiten für die Wärmeableitung. Aus diesem Zusammenspiel zwischen äquatorialer Zirkulation und Tiefdrucktätigkeit der gemäßigten Zone ging ein Klimatyp hervor, der häufig als Mittelmeerklima bezeichnet wird. Der Name hat

seine Berechtigung, denn nirgendwo erscheint dieses Klima so ausgeprägt wie gerade dort, wo die Enge des Meeres, die starke Küstengliederung, das gebirgige Landesinnere sowie die Nähe der riesigen Saharawüste besondere Bedingungen schaffen.

Lokale Eigentümlichkeiten, die der sommerlichen Trockenzeit und winterlichen Regenzeit überlagert sind, machen den speziellen Reiz des Mittelmeerklimas aus. Sie haben zu einer Vielfalt der Vegetation geführt, die von üppigster Blütenpracht bis zur kargen Steppe reicht.

Die Sommer werden vom subtropischen Hochdruckgürtel bestimmt, der sich mit dem Höhersteigen der Sonne nach Norden ausdehnt. Ab April sorgt großräumiges Absinken (→ Luftdruckänderungen, Seite 56) an der afrikanischen Mittelmeerküste für einen wolkenarmen Himmel. Die Temperatur steigt allmählich über 30°C und verharrt den ganzen Sommer bei Werten um 35°C. Im Laufe des Juni erreicht die Absinkzone auch die nördlichen Mittelmeerländer. Zwar können sich Tiefdruckgebiete aus unseren Breiten immer noch bemerkbar machen, doch sorgen die

Mit Orkanstärke wühlt der Mistral das Meer auf.

Alpen und die Barrieren der Gebirge in Nord-
spanien, auf dem Balkan und in der Türkei dafür,
daß sich ihr Einfluß auf ein paar Gewitter, hohe
Wolkenfelder oder lokale Windsysteme beschränkt.
Wenn sich im Herbst das Subtropenhoch nach
Nordafrika zurückzieht, beginnt die Regenzeit.
Die ersten Kaltlufteinbrüche verursachen über
dem noch 25°C warmen Wasser zunächst heftige
Regenschauer und Gewitter. Im Winter und vor
allem im Frühjahr, wenn das Wasser noch 15°–
17°C warm ist, fällt der Regen sintflutartig, so daß
es zu Überschwemmungen kommt, insbesondere
dann, wenn die Tiefdruckgebiete Schübe an
subtropischer Warmluft nach Norden transportieren.
An den Küsten und in den Tälern lassen die
warmen Sommer und nicht zu kalten Winter in
Verbindung mit ausreichenden Niederschlägen
eine üppige Vegetation gedeihen.
In den Bergregionen hingegen,wo zu Zeiten der
seefahrenden Phönizier, Griechen und Römer die
Wälder für den Schiffsbau abgeholzt wurden,
zeigen sich auch heute noch die Auswirkungen.

Zu den Bildern:
Berüchtigt sind die Winde
des Mittelmeers. Der Mistral
entsteht, wenn kalte Luft auf
dem Weg zum Meer das
enge Rhônetal hinunterfegt
und an der Küste zu Orkan-
stärke anschwillt. Für Segler
ein herrliches, aber auch
gefährliches Revier.

Vorhergehende Doppelseite:
Karstlandschaft mit Stein-
mauern.

Jahrhundertelang war der Boden schutzlos der Sonne und dem Wind ausgeliefert und wurde vom Regen weggeschwemmt. Aufforsten ist sehr mühselig, da auf dem kargen Boden die jungen Pflanzen mit ihren Wurzeln kaum Halt finden und umgekehrt die Erde nicht durch verzweigtes, im Untergrund fest verankertes Wurzelwerk zusammengehalten wird. Ein Gewitterguß kann in wenigen Minuten das Werk von Jahren zunichte machen.

In diesem Zusammenhang möchte ich auf eine dramatische Entwicklung hinweisen, die sich in den letzten Jahren in Südspanien angebahnt hat. Steigende Touristenzahlen, intensive landwirtschaftliche Nutzung und ein unverantwortliches Abbrennen der wenigen Wälder für den Bau neuer Touristenzentren ließen den Grundwasserspiegel zum Teil auf 200 m Tiefe absinken. Inzwischen beschleunigen selbstverstärkende Kreislaufsysteme die Verwüstung. Je höher der Wasserbedarf steigt, desto tiefer sinkt das Grundwasser. Dabei dringt immer mehr salziges Meerwasser in die Grundwasservorräte. Bewässert man nun die ohnehin karger werdenden Ackerflächen mit diesem salzhaltigen Wasser, werden sie immer unfruchtbarer.

Waren es im 8. Jahrhundert die Mauren, die von Nordafrika her Spanien unterwarfen, ist es jetzt die Sahara, die auf europäischem Boden Fuß faßt. Mit ihrer Vertreibung wird man es allerdings viel schwerer haben.

Die Landschaften und ihre Winde

Dem jahreszeitlichen Wechsel von Trocken- und Regenzeit sind lokale Windsysteme überlagert, die nicht nur das Wetter prägen, sondern auch die Vegetation. In vielen Gegenden zeigen Bäume einen eigentümlichen Wuchs. Im Winde flatternden Fahnen gleich sind ihre Kronen nur nach einer Seite ausgerichtet. Zwei von diesen lokalen Winden möchte ich hier vorstellen.

Mistral
Durch die stark gegliederte Landschaft mit ihren zahlreichen Steilküsten und tief eingeschnittenen Tälern wird die Luft regelrecht kanalisiert. Es entsteht eine Düsenwirkung, die einen mäßigen Wind zum Sturm anwachsen läßt. Der berühmteste Vertreter dieser sogenannten orographischen Winde ist der Mistral in Südfrankreich.

Wenn Kaltluft sich über West- und Mitteleuropa auf den Weg nach Süden begibt, stößt sie auf das riesige Hindernis der Alpen. Über Südfrankreich wird der freie Zugang zum Mittelmeer zusätzlich durch das Zentralmassiv erschwert. So bleibt als einziger Durchschlupf das Rhônetal übrig, durch das die Luft mit Sturm-, ja sogar Orkanstärke hinaus aufs Mittelmeer schießt. Der Mistral ist also ein kalter Wind, der sehr häufig bläst und das rauhe Klima im Rhônetal geprägt hat. Die Bäume »wehen« dort in Richtung Meer.

Durch seine Stärke wirkt sich der Mistral auch über dem Mittelmeer selbst aus. Wenn die Kaltluft das warme Wasser aufwühlt, entstehen riesige Quellwolken, die sich in heftigen Gewittern entladen. In bis zu 100 km Entfernung vom Rhônedelta macht sich der Sturm bemerkbar und wurde schon vielen Seglern, die mit diesen Besonderheiten des Mittelmeers nicht vertraut waren, zum Verhängnis.

Bora
Dieser lokale Wind entsteht an der jugoslawischen Adriaküste, wenn aus einem Hoch über dem Nordbalkan kalte Luft von den dalmatinischen Bergen durch die tief eingeschnittenen Täler der Steilküste zum Meer hinunterstürzt. Besonders heftig tritt die Bora in den Wintermonaten in Erscheinung, wenn sich über den schneebedeckten Bergen die Luft sehr stark abkühlen kann. Mit Sturmstärke fegt sie dann zu Tal, verbunden mit einem Temperatursturz. In früheren Jahren, als die Adriaküstenstraße in den engen Tälern noch über niedrige Brücken führte, konnte die Bora Autos umwerfen und sogar über die Brüstungen ins Tal schleudern.

Zu den Bildern:
Wenn sich die jugoslawische Bora in die Adria stürzt, wird das Wasser so aufgepeitscht, daß die Gischt das Atmen fast unmöglich macht.

Die Bora treibt das Wasser auseinander.

Flirrendes Licht über tausend kleinen Wellen.

Eisberg im Nordpolarmeer.

Etesien

Neben diesen lokalen Winden wird das Mittelmeerklima noch von großräumigen Wind-
systemen bestimmt. So wehen im östlichen
Mittelmeer von April bis Oktober mit großer
Regelmäßigkeit trockene Nordwinde. Da sie an
die sommerliche Jahreszeit gebunden sind,
werden sie nach dem griechischen Wort »etesiai«
(= Jahreszeitenwinde) die Etesien genannt. Sie
sind als Nordwinde relativ kühl und können die
sommerliche Hitze lindern, begünstigen jedoch
durch ihre Stärke und Trockenheit auch die
Ausbreitung von Waldbränden.
Erreicht der Nordwind zwischen den zahlreichen
Inseln der Ägäis, wo er kanalisiert wird, Windstärke
8–10, was vor allem im Frühsommer geschieht,
dann muß der Fährbetrieb unterbrochen werden.
Wer sich als Segler in diese Gewässer begibt, sollte
sich darauf einstellen und rechtzeitig Schutz in den
Häfen oder im Lee der Inseln suchen.

Schirokko

Ein für Mensch und Tier gleichermaßen bela-
stender Wind ist der Schirokko. Dieser heiße Wind
aus Nordafrika saugt sich auf dem Weg über das
Mittelmeer mit Feuchtigkeit voll und verursacht
unerträgliche Schwüle. Trifft er auf Hindernisse, so
daß die Luft in die Höhe steigen muß, kann es zu
heftigen Regenfällen kommen. Gewöhnlich tritt
der Schirokko im westlichen und mittleren
Mittelmeer auf, da er durch ein Tief mit Zentrum
vor der portugiesischen Küste verursacht wird.
Wenn er über Sizilien nach Nordosten weht, fängt
sich die Luft zwischen den Alpen und den jugoslawischen Bergen. Dann geht sintflutartiger
Regen im dalmatinischen Küstengebirge nieder.
Aus diesem Grund hält Crkvice als niederschlags-
reichster Ort mit 4648 mm pro Jahr den Europa-
rekord.
Das Mittelmeer ist also nicht nur das gelobte
Urlaubsparadies mit immerwährender Sonne.
Gerade das vielfältige, zum Teil sogar rauhe Klima
macht den besonderen Reiz seiner Landschaften
aus.

Überwältigende Klarheit der Luft.

Schnee- und Eisklima

Die beiden Schnee- und Eiskappen, mit denen die Erde ab dem 60. Breitengrad ihre Pole überzieht, sind die Polargebiete. Bei der Beschreibung des dort herrschenden polaren Klimas möchte ich mich auf das Nordpolargebiet beschränken. Auf der Südhalbkugel haben die geringeren Landmassen und der riesige antarktische Kontinent Verschiebungen in den Klimazonen zur Folge, deren Begründung den Rahmen dieses Buches sprengen würde.

Auf dem Weg in den Norden weichen die Wälder allmählich der Zone der Tundra. Dort ist nur noch in der kurzen frostfreien Zeit der Sommermonate Pflanzenwuchs möglich. Der Boden ist von Flechten und Moosen bedeckt, dazwischen wachsen einige Sträucher.

Hier ist der Einfluß des polaren Hochdruckgebietes schon stark zu spüren. Doch auch die Tiefs unserer Breiten erreichen diese Zone noch, so daß das ganze Jahr über Niederschläge fallen, jedoch nur mehr etwa halb soviel wie bei uns. Meist schneit

Zu den Bildern:
Sechs Monate dauert die Nacht am Pol. Durch die Kälte ist die Luft extrem trocken und wunderbar klar und rein.

Folgende Doppelseite:
Ewiges Eis am Pol.

Arktisches Meer.

Ewiges Gletschereis.

Sommerzeit am Inlandeis.

Windrippen im Gletschersand.

es, nur in den drei Sommermonaten fällt Regen. Der lang anhaltende Frost läßt ausgedehnte Moore entstehen.

Weiter nach Norden erreichen wir dann das ewige Eis. Schnee und Eis erwärmen sich auch während des sechsmonatigen Polartages kaum. Selbst im Hochsommer bleibt die Temperatur meist unter 0 °C. Im Winter sind Fröste unter −50 °C keine Seltenheit. Der Kälterekord wird in der Antarktis von der russischen Forschungsstation Wostok mit −91,5 °C gehalten. Es schneit zwar ununterbrochen, doch türmen sich keine Schneemassen; da die kalte Luft nicht viel Feuchtigkeit halten kann, fallen nur winzige Eiskristalle vom Himmel, selbst wenn er wolkenlos ist.

Dicke Wolken kann es also gar nicht geben. Hin und wieder künden Cirren davon, daß weiter südlich ein Tief vorüberzieht. Dafür ist Nebel (→ Seite 22) eine häufige Erscheinung, als Eisnebel eine Besonderheit, die man nur in den polaren Gebieten beobachten kann. Da er nur bei Frost unter −30 °C vorkommt, besteht er überwiegend aus Eiskristallen. Durch Brechung und Spiegelung des Lichts in diesen Kristallen entstehen farbige Ringe, wie wir sie als Halo beim Cirrostratus kennengelernt haben (→ Seite 30). Neben diesen eindrucksvollen Erscheinungen bringt das polare Klima etwas hervor, das sich weder durch Bilder noch durch Worte ausdrücken läßt: die Klarheit der Luft. Erst wer ihre Reinheit

Grönland, grüne arktische Insel.

Nebelbogen über dem Nordmeer.

geatmet und ihr Licht erlebt hat, wird diesen Begriffen eine ganz andere Bedeutung zumessen. Auf dem Festland ermöglichen die Bedingungen des polaren Klimas nur wenigen Tier- und Pflanzenarten das Überleben. So paradox es angesichts der riesigen Eismassen klingt: Es ist nicht die Kälte, die das Leben am stärksten bedroht, sondern der Wassermangel. Dort, wo Schmelzwasser in Bächen zum Meer fließt, finden sich an den Ufern Inseln von Flechten und Moosen. Sie sind die Heimat von Insekten, die nur während des Polartags für kurze Zeit aus ihrer Winterstarre erwachen.

Zu den Bildern:
Schnee und Eis, wohin das Auge blickt. Doch ein bißchen Wasser, ein kleiner Sonnenstrahl genügen, und schon fängt es auch am Pol zu grünen an.

Folgende Doppelseiten:
Seite 136/137: Regen ist für die Erde lebensnotwendig.
Seite 142/143: Das Tief zieht ab – der Himmel reißt auf.

Sachregister

mit Fachworterklärung

Die **halbfett** gesetzten Seitenzahlen verweisen auf Abbildungen. U = Umschlagseite.

137

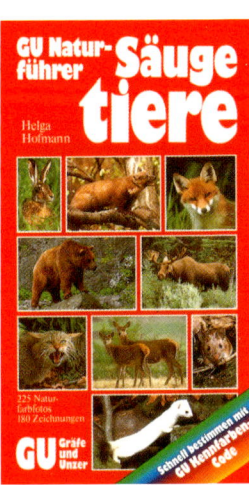

GU Naturführer:

Die idealen Bestimmungsbücher für unterwegs. Voll in Farbe! Handliches Einsteckformat, knautschbarer Klarsicht-Einband, nur 300g Gewicht. Die starke Marke für draußen. Präzise Texte von Experten und erstklassige Farbfotos von Spitzenfotografen. Bewährte GU Qualität für alle Naturfreunde.

Adressen

Auskunft und Beratung

Die allgemeine Wettervorhersage (A), den Reisewetterbericht (R), die Vorhersage für Wintersportler mit Lawinenwarndienst (W), den Wetterbericht für die Seeschiffahrt (S), den Wetterbericht für die allgemeine Luftfahrt (L), Segelflieger und Drachenflieger (F) sowie die medizinische Wettervorhersage (M) erhalten Sie bei den folgenden Stellen:

Bundesrepublik Deutschland

Fernsprechansagedienste: (R + W) 116000 oder 01 1600, (A) 1164 oder 011 64, (Straßenzustand) 11 69 oder 01169, F regional – Telefonbuch.
Wetteramt Frankfurt, Frankfurter Str. 135, D-6050 Offenbach, Tel. 069-806 20 (auch W/M)
Wetteramt Stuttgart, Am Schnorrenberg 17, D-7000 Stuttgart 50, Tel. 0711-541122
Wetteramt Nürnberg, Flughafenstr. 100, D-8500 Nürnberg, Tel. 0911-525001
Wetteramt München, Bavariaring 10, D-8000 München 2, Tel. 089-5398030 (auch W)
Wetteramt Freiburg, Stefan-Meier-Str. 4, D-7800 Freiburg 1, Tel. 0761-273057 (auch W)
Wetteramt Trier, Petrisberg, D-5500 Trier, Tel. 0651-45045
Seewetteramt Hamburg, Bernhard-Nocht-Str. 76, D-2000 Hamburg 4, Tel. 040-31901 (S)
Die Auskünfte der BRD-Wetterämter sind gebührenpflichtig.

Österreich

Zentralanstalt für Meteorologie und Geodynamik, Hohe Warte 38, A-1190 Wien, Tel. 0222-3644530
Wetterdienststelle Salzburg, Flughafen Maxglan, A-5035 Salzburg, Tel. 06622-263010

Wetterdienststelle Innsbruck, Flughafen Kranebitten, A-8020 Innsbruck, Tel. 05222-81738

Wetterdienststelle Klagenfurt, Flughafen Annabichl, A-9020 Klagenfurt, Tel. 04222-41443

Schweiz

Fernsprechansagedienste: (A) 162, (L) 01-4775 20 (deutsch), 022-9812 66 (französisch), (F) 01-4761 64, (W) 120.
Persönliche Wetterauskünfte: Deutschschweiz, Graubünden Tel. 01-251 3342; Westschweiz, Wallis Tel. 022-982425; Alpensüdseite Tel. 093-312771
Schriftliche Anfragen:
Schweizerische Meteorologische Anstalt, Krähbühlstraße 58, CH-8044 Zürich
Centre météorologique Aéroport, CH-1215 Cointrin
Osservatorio Ticinese dell'Istituto Svizzero di Meteorologia, Via ai Monti die Trinità 146, CH-6605 Locarno-Monti
Eidgenössisches Institut für Schnee- und Lawinenforschung, Weissfluhjoch, CH-7260 Davos-Dorf

Bücher

Bücher, die weiterhelfen

Fortak, Heinz: *Meteorologie.* Verlag Mensch und Arbeit, Berlin.
Häckel, Hans: *Meteorologie.* Verlag Eugen Ulmer, Stuttgart.
Lilequist, Gösta H./Cehak, Konrad: *Allgemeine Meteorologie.* Verlag Vieweg, Braunschweig.
Malberg, H.: *Meteorologie und Klimatologie,* Springer Verlag, Berlin.
Meyers Kleines Lexikon: *Meteorologie.* Bibliographisches Institut, Mannheim.
Walch, Dieter: *Wetterkunde.* Econ Verlag, Düsseldorf.

Autoren

Fotos: Monika Wegler, München, Seite 45, 48, 49; alle übrigen Fotos Ernst Neukamp, Oberammergau.

Dieter Walch,
Diplom-Meteorologe. Mitarbeiter und Moderator der ZDF-Wetter-Redaktion. Langjähriger Ausbilder von Meteorologen bei der Bundes-Luftwaffe.

Ernst Neukamp,
Zeichner, Fotograf und Filmemacher (»Ein Wolkenjahr«, »Die Wetterscheid«). Preisträger für Wolkenfotografie. Autor des GU Wolken/Wetter-Kompaß.

Quellen

Babylonisches Tontäfelchen Seite 50, Britisches Museum London.
SAT-Bilder Seite 14, 15, 52, 53, 54, 61, 65, 69, 77, 105 mit freundlicher Genehmigung der ESA.

Impressum

CIP-Titelaufnahme der Deutschen Bibliothek

Walch, Dieter:
Wolken, Wetter: Wetterentwicklungen erkennen und vorhersagen; mit Anleitungen für die eigene regionale Wetterprognose / Dieter Walch; Ernst Neukamp. – 2. Aufl. – München: Gräfe u. Unzer, 1990
(Der große GU-Ratgeber)
ISBN 3-7742-3821-9
NE: Neukamp, Ernst:

2. Auflage 1990
© Gräfe und Unzer GmbH, München
Redaktionsleitung: Hans Scherz
Redaktion: Katrin Behrend
Herstellung: Johannes Schmidt-Thomé
Produktion: Helmut Giersberg
Gestaltung und Grafiken: Christine Paxmann
Umschlaggestaltung: Heinz Kraxenberger
Druck: Appl
Bindung: Auer

ISBN 3-7742-3821-9